EBS 지식채널 × 밀레니얼 경제

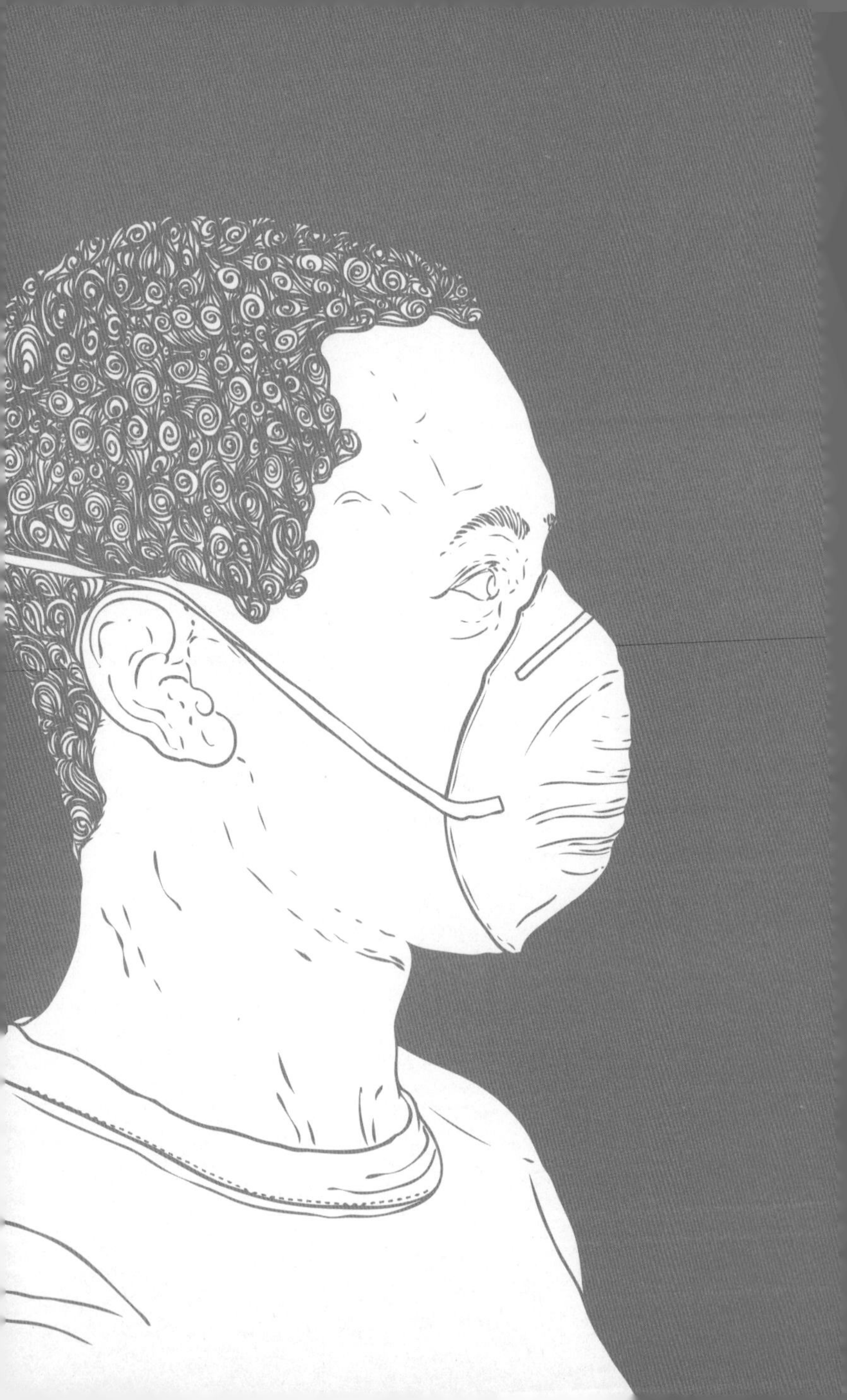

EBS 지식채널

×

밀레니얼 경제

지식채널ⓔ 제작팀 지음

EBS BOOKS

MILLE

PART 1

밀레니얼 세대의 일과 미래

NIALS

PART 2

급변하는 시대, 경제 사고의 전환

PART 3

공존을 위한 경제

MILLENNIALS

밀레니얼 세대(Millennial Generation), 밀레니얼스(Millennials) 또는 Y 세대(Generation Y)는 X 세대의 뒤를 잇는 인구집단이다. 일반적으로 1980년대 초반부터 2000년대 초반까지 출생한 세대, 미국에서는 1981년생부터 1996년생까지를 주로 일컫는다. 대부분 베이비붐 세대의 자녀들이라 에코붐 세대(Echo Boomers)라고도 한다.

MILLE

PART

1

밀레니얼 세대의 일과 미래

MILLENNIALS

01

직원이 됐습니다

ON AIR 20170207

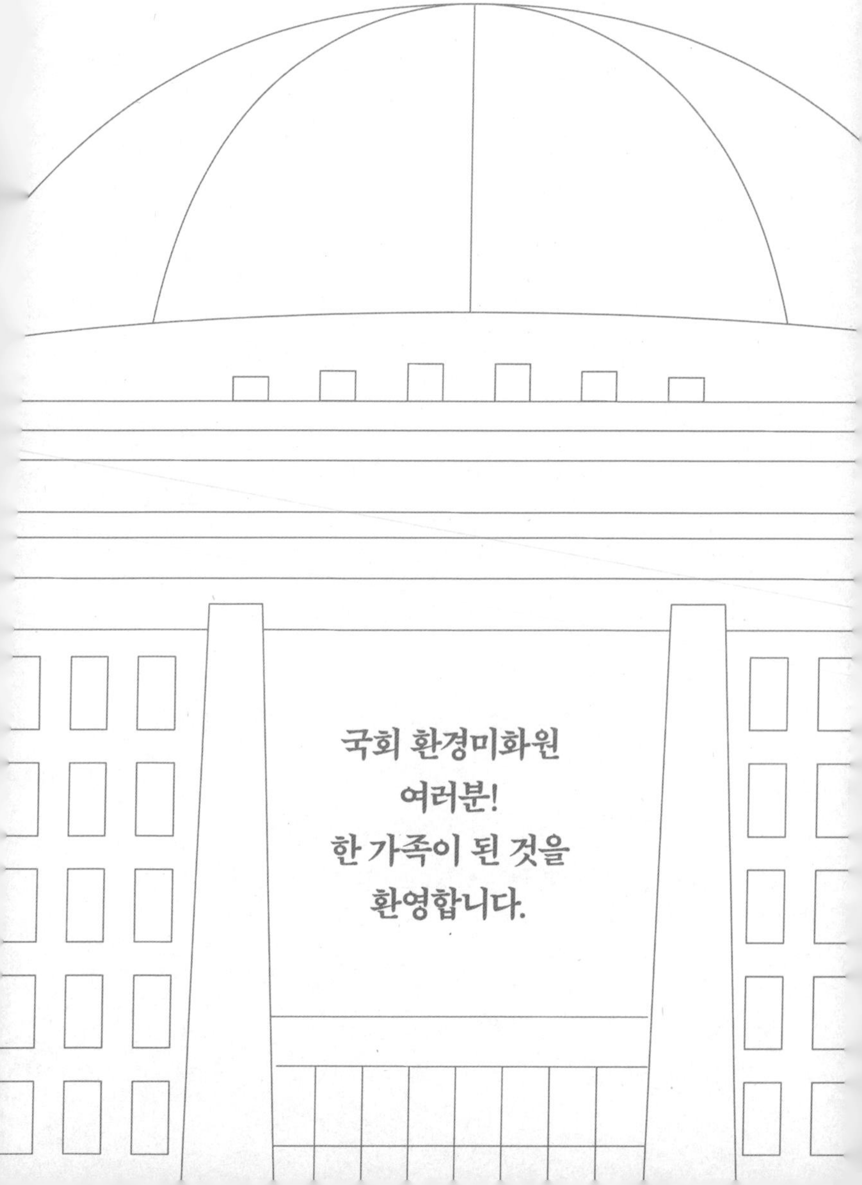
국회 환경미화원
여러분!
한 가족이 된 것을
환영합니다.

10년간 일했지만……
나는 비정규직 노동자였습니다

나는 국회 비정규직 청소 노동자다.

새벽 4시 45분, 집을 나서 첫차를 타고 출근한다. 외환위기 때 남편이 사업에 실패하고 청소 일을 시작하게 되었다.
처음 국회에 들어오게 되었을 때 얼마나 좋던지,
청소 노동자지만 매일 국회로 출근한다는 자부심이 있었다.

"3층 청소 담당자는 3층에서만 생활하세요."
용역업체 현장소장은 다른 담당자와 말도 섞지 말고 밥도 같이 먹지 말라고 했다. 작업복이 해져도 새 작업복을 줄 때까지 참고 입었고, 청소 물품이 부족하면 직접 사다 썼다. 10년째 월급은 오르지 않았다. 왜 그런지 물어도 용역업체는 묵묵부답이었고, 국회사무처는 책임이 없다고 했다.

1인당 480평이 넘는 구역을 청소했다. 그렇게 5년째 일하던 어느 날, 국회사무처와 청소 용역 계약을 맺었던 업체가 고의적으로 부도를 냈다. 퇴직금을 떼일지 모른다는 생각에 동료 159명과 처음으로 노조를 만들었다.

"10년, 20년씩 같은 일을 해온 사람들이 왜 비정규직입니까?" 노조가 생기고 우리 문제를 이야기할 수 있게 되었다. 2011년 국회의장은 국회 내 비정규직 노동자들을 직접 고용하겠다고 약속했다. 약속대로 입법 정보, 방송, 통역, 홍보, 연구를 담당하는 계약직 공무원 100여 명이 직접고용되었다.

2013년 12월 국회운영위원회 회의에서 "모든 국가기관이 수십 년 동안 아무 탈 없이 해온 간접고용을 유독 우리 국회사무처만 직접고용으로 성급하게 결정할 것이 아니다"라는 의견이 나왔다. 우리 청소 노동자와의 약속은 이루어지지 않았다. 하지만 포기하지 않았다. 기회가 될 때마다 직접고용을 해야 한다고 말했다. 목소리를 낸 지 5년 만에 우리 국회 청소노동자 203명은 국회 사원증을 받게 되었다. 너무 설레어 잠이 오지 않았다.

2017년 새해 첫 출근 날, 국회 직원 일동이 내건 플래카드를 보았다.
"국회 환경미화원 여러분! 한 가족이 된 것을 환영합니다."

나는 이제, 국회 직원이다.

플랫폼 노동자

최근 몇 년 사이 급증한 '플랫폼 노동자Platform Worker'는 디지털 플랫폼을 통해 일감을 얻는 사람을 말한다. 한국고용정보원은 '플랫폼 노동'을 '디지털 플랫폼의 중개로 일자리를 구하여 1회성·비상시적·비정기적 일거리 1건당 일정한 보수를 받으며, 고용계약을 체결하지 않고 일하면서 근로소득을 획득하는 근로 형태'로 정의한다.

한국고용정보원은 다양한 디지털 플랫폼을 제시한다. 대리운전 앱, 음식·퀵서비스·꽃 등 배달 관련 앱, 콜택시 앱, 가사도우미 앱, 간병 및 호스피스 앱, 통번역 앱, 청소·경비 용역 앱, 홈페이지 제작·앱 개발·웹 개발 등 IT 관련 업무를 의뢰하는 앱, 디자이너·작가·회계사·컨설턴트·이사 전문가를 고용하는 앱, 펫시팅 앱, 인테리어 대행 앱, 미용 서비스 앱, 자동차 정비 앱, 과외 앱 등 전문 업무 의뢰 외에도 '알바몬', '알바천국' 등 일회성 아르바이트 구인구직 사이트 등이 디지털 플랫폼에 해당한다.

매킨지글로벌연구소MGI는 서구 국가들의 플랫폼 노동인구 규모를 전체 노동인구 대비 비율로 제시했다. 각 나라별 플랫폼 노동인구는 프랑스의 경우 전체 노동인구의 30퍼센트, 미국 26퍼센트, 독일 25퍼센트, 스웨덴 28퍼센트, 스페인 31퍼센트로 추정된다. 세계은행은 2020년 전 세계 플랫폼 노동자가 1억 2000만 명에 이를 것으로 추정하고 있다. 플랫폼 노동인구는 지속적으로, 빠르게 증가할 것으로 예측된다. 2019년 한국고용정보원은 조사를 통해 한국의 플랫폼 노동인구 규모를 최대 53만 8,000명가량으로 추산했으며, 플랫폼 노동인구는 전체 취업자의 2퍼센트에 해당한다고 밝혔다. 남성 비중이 전체의 66.7퍼센트, 50대 이상 장년층 비율이 51.2퍼센트로 나타났다.

플랫폼노동자는 근로기준법상 근로자가 아니라 자영업자다. 근로기준법상 근로자란 직업의 종류와 관계없이 임금을 목적으로 사업이나 사업장에 근로를 제공하는 자를 말한다. 근로기준법에 따른 근로자로 인정되어야 연장근로수당, 야간근로수당, 휴일근로수당을 받을 수 있으며, 연차휴가, 퇴직금, 해고 등에 있어 법에 기반해 보호받을 수 있다. 하지만 플랫폼 노동자는 업무 내용의 지정, 감독, 근무 시간, 장소에 대한 구속 등 사용자에 대한 종속성이 낮아 현행 근로기준법상 근로자로 보기 어렵다는 해석이 지배적이다.

플랫폼 노동자는 최저임금, 4대 보험 보장을 받지 못하고 퇴직금도 없다. 플랫폼 노동자는 그 특성상 신속함이 중시되기 때문에 업무 중 사고가 날 위험이 높을 뿐 아니라 안정적인 보수를 받지 못한다.

플랫폼 시장의 확장으로 인해 플랫폼 노동자들의 사회 안전망에 대한 논의가 우버Uber와 에어비앤비Airbnb 등을 중심으로 시도되었다. 프랑스에서는 2016년 8월 노동법 개정을 통해 '노동과 사회적 대화의 현대화, 그리고 직업적 경로의 보장에 관한 법'에서 디지털 플랫폼의 의무와 플랫폼 노동자의 권리를 규정하는 조항을 추가했다. 영국과 미국에서는 우버 택시기사를 노동자로 인정하는 판결이 있었다.

우리나라 정부는 2017년 3월 플랫폼 노동자들의 산재보험 가입이 가능하도록 했다. 2019년 11월 고용노동부는 음식배달 앱 '요기요'와 개인사업자로 계약을 맺고 배달을 대행한 라이더를 요기요 소속 근로자라고 판단했다. 고용노동부는 요기요가 라이더들에게 시급을 지급한 점, 출퇴근 의무를 부과하고 카카오톡 등으로 출근 여부를 보고하도록 지시한 점 등을 근거로 근로자로 인정한 것이다. 정부가 처음으로 플랫폼 노동자를 '근로기준법상 근로자'로 인정한 것이다.

매운갈비찜
T 02-469
KyoChon 1991
인도주행 NO!
안전운행 YES!
1577-1991
건대점 462-1991
건대점 462-1991
다 3072

IT·게임 업계의 노동자들

게임이나 프로그램 개발 등의 업무를 수행하면서 마감 시간을 맞추기 위해 야근과 특근을 반복하는 것을 '크런치 모드Crunch mode'라고 한다. 크런치는 '으드득 부서지는 소리'를 뜻한다. IT·게임 업계에서 일상이 된 크런치 모드가 일반인들에게 알려진 것은 2017년이다. 위메이드엔터테인먼트의 자회사 위메이드아이오Wemadeio에서 일어난 7개월간의 크런치 모드와 게임 개발자들의 과로사, 자살 사건이 일어나면서부터다.

2017년 한국노동안전보건연구소 자료에 의하면, 게임 업계 개발자들의 월평균 근로시간은 205시간이었다. 일반 근로자의 월평균 근로시간은 187시간이었다. 2018년 8월 통계청의 지역별 고용구조 조사에서 정보통신산업 노동시장 사업장 속성에 따르면, 주평균 노동시간은 42.3시간, 월평균 총액 임금은 367.4만 원으로 시간당 임금은 20,226원이었다. 평균 근속 기간은 5.9년이었다.

IT 업계에서는 신기술이 개발되거나 새로운 사업을 준비할 경우 조직 개편을 이유로 기존 근로자에게 권고사직을 요구하는 등 고용 불안이 상존해왔다. 2017년 7월 외국계 IT 기업 한국마이크로소프트가 노조를 설립했다. 한국마이크로소프트사에서는 미국 본사 방침에 따른 주기적인 조직개편과 정리해고에 반발하며 노조가 조직되었다. 이어 2017년 10월 한국오라클은 회사가 사업 방향을 클라우드 서비스로 결정한 뒤 조직개편과 구조조정을 단행하자 노조를 설립했다.

2018년 4월 포털 업체 최초로 네이버에서 노조가 결성되었다. 네이버의 노조는 네이버를 비롯해 라인플러스, 네이버랩스, 네이버비즈니스플랫폼, 스노우, 네이버웹툰 등 계열사 직원들도 하나의 노조에 가입할 수 있도록 한 산업별 노조 형태다. 2018년 9월 3일 민주노총 화학섬유식품산업노조 넥슨NEXON 지회가 노조를 설립했으며, 9월 5일 스마일게이트Smilegate에서는 노조 'SG길드'가 설립되었고, 이어서 10월 카카오와 안랩에서 노조가 설립되었다. 2019년 3월에는 SAP코리아에 노조가 설립되었다.

IT·게임 업계에서 노조가 조직된 이유는 구조조정과 조직개편으로 인한 고용 불안, 과도한 장시간 노동, 비민주적인 조직문화와 의사결정 때문이었다. 또한 '워라밸'(Work-life balance의 줄임말)을 강조하는 사회적 분위기와 함께 장시간 노동 관행을 개선하려는 직원들의 요구가 커졌기 때문이다. IT·게임 업계 노조는 포괄임금제 폐지, 장시간 노동 근절, 조직문화 개선 등을 요구하면서, 회사와 근로자가 함께 성장하기를 지향하며 사회적 책임과 연대를 강조한다.

게임 업계
개발자들의
월평균 근로시간은
205시간.

대부분의 IT·게임 기업들은 야근 등 시간외수당을 실제 근무 시간과 관계없이 일괄적으로 임금에 포함해 지급하는 포괄임금제를 채택하고 있다. 게임 개발자들의 공짜 야근을 야기했던 포괄임금제를 폐지하는 IT·게임 회사가 점차 늘고 있는 추세다. 2017년 펄어비스Pearl Abyss는 포괄임금제를 없애고 야근 시 추가 수당을 지급하기로 했다. 2018년 7월 웹젠WEBZEN은 포괄임금제를 폐지하고 자율출근제를 도입했다. 주당 52시간 내 연장근무에 대해서는 휴가 또는 임금으로 보상하는 보상휴가제를 마련했다. 2018년 7월 국내 최대 포털 업체인 네이버가 포괄임금제를 폐지했고, 같은 해 10월 위메이드엔터테인먼트에 이어 EA 코리아, 네오플NeoPle, 스마일게이트 등이 포괄임금제를 폐지했다. 2019년 2월 넥슨, 3월 넷마블Netmarble에 이어 엔씨소프트NCSOFT까지 게임 업계 3사 모두가 포괄임금제를 폐지했다.

/ 김은경

참고 자료

「청소 노동자, 이제는 당당한 국회 직원」, 《참여와혁신》, 2017년 1월 5일 | 김준영 외, 「플랫폼경제종사자 규모 추정과 특성 분석」, 한국고용정보원, 2018 | 「모바일 앱 기반 '플랫폼 노동자', 근로자인가 사업자인가」, 《법률신문》, 2020년 1월 6일 | 장희은·김유휘, 「플랫폼 경제에서의 노동자 보호를 위한 해외 정책동향」, 《산업노동연구》 제26권 1호, 2020 | Jan Drahokoupil·Agnieszka Piasna, 「플랫폼 경제의 노동: 벨기에의 딜리버루 배달원과 스마트SMart를 통한 고용 형태, 《국제노동브리프》 Vol.18 No.1, 2020 | 하태희, 「디지털 플랫폼 워커의 법적 지위」, 《법학연구》 제58집, 2018 | 김종진, 「IT·게임산업 특징과 노사관계 과제—네이버,카카오,넥슨, 스마일게이트」, 《한국노동사회연구소 이슈페이퍼》 제123호 2020-4호, 2020

MILLENNIALS

02

그녀가 차를 몰고 갑니다

ON AIR 20180919

이제 택시는
필요 없다.
나를 데려다 줄
사람은 필요 없어.

남녀가 같은 권리를 누리는 그날까지

자동차 왕국 독일에서 1888년 어느 날 세계 최초의 장거리 운전자가 탄생했다. 그 주인공은 놀랍게도 여성, 2년 전 자동차를 발명한 카를 벤츠의 아내 베르타 벤츠였다. 당시 자동차는 혁신적인 교통수단이었다. 하지만 자동차를 보는 사람마다 "악마의 소행"이라거나 "저건 너무 위험해"라며 무시했다. 베르타는 좌절한 남편을 위해 남편 몰래 차를 몰고 집에서 106킬로미터 떨어진 친정까지 대장정에 나섰다. 비포장 흙길에서 연료 파이프가 먼지로 막히자 머리핀과 스타킹을 이용해 뚫어내는 등 기지를 발휘하며 우여곡절 끝에 꼬박 하루가 걸려 목적지에 도착했다.

그로부터 130년이 지난 2018년 6월 24일, 지구상 마지막 여성 운전 금지 국가인 사우디아라비아에서 마침내 여성이 핸들을 손에 쥐게 되었다.
"이제 택시는 필요 없다. 나를 데려다 줄 사람은 필요 없어."
그러나 수십 년에 걸쳐 여성의 운전 권리를 주장해온 인권 운동가들은 여전히 수감되어 있다.

지금은 당연시하는 여성의 권리들 가운데 불과 100여 년 전만 해도 남성에게만 허용되었던 것이 많다. 보편적 투표권의 경우 1893년 세계 최초로 뉴질랜드에서 여성에게 투표권을 허용한 이래 미주와 유럽 국가들로 천천히 확산되었다. 핀란드가 유럽 최초로 1902년에, 미국은 1920년, 영국은 1928년, 아시아권에서는 일본이 1945년, 한국이 1948년에 각각 여성 투표권을 인정했다. 선도적인 인권 국가인 프랑스가 뒤늦게 1946년에, 스위스는 유럽 국가 중 마지막으로 1971년에야 여성의 투표권을 허용했다. 그리고 사우디아라비아가 2015년에 여성 투표를 허용함으로써 이 부문에서도 역시 대미를 장식했다. 그러나 투표권 쟁취를 위해 영국에서는 1,000여 명 이상의 많은 여성들이 감옥에 가야 했다.

남녀 동일임금, 즉 동일노동 동일임금을 향한 투쟁은 여전히 진행 중이다. 영국 맨체스터 인류역사박물관에 있는 동일임금 접시는 1968년 동일노동에 대한 동일임금을 요구하며 파업에 돌입한 대거넘 포드 공장의 여성 노동자 187명을 기념해 전시되었다. 이들은 영국에서 1970년 동일임금법의 통과를 이끌었다. 앞서 양차 세계대전 동안에도 여성 노동자들은 동일임금을 주장하며 수차례 파업을 했다. 세계 각국 여성 노동자들은 남성이 가족을 부양하고 여성은 푼돈을 벌 뿐이라는 끈질긴 관념과 싸웠다. 그 결과 프랑스는 1946년에, 인도가 1947년에, 독일은 1949년에 동일임금법을 통과시켰다.

여성 참정권이 전 세계에 확산되는 데는 122년이 걸렸지만, 남녀 동일임금이 노동 현장에서 관철되기까지는 훨씬 더 긴 세월이 필요할 것 같다. 영국《이코노미스트》지의 2019년 '유리천장지수' 보고서 작성자인 하임 이스마일은 "다른 모든 것이 동등하다 하더라도 남녀의 경제적 격차는 달팽이의 속도로 줄어들 것"이며 "차별이 해소되는 데 202년(세계경제포럼 2018년 추산치)이 걸릴 것"이라고 말했다.

1918년 미국 백악관 앞에서 열린 전국여성당의 시위.

남녀고용평등법과 유리천장지수

경제협력개발기구OECD는 2019년 세계 여성의 날인 3월 8일, 여성 차별로 발생하는 경제적 손실이 연간 6조 달러로 전 세계 국내총생산GDP 합계의 7.5퍼센트에 이른다는 추산 결과를 발표했다. 임금과 채용 및 승진에서의 성차별이 국가 경제에 비합리적이고 손해를 끼치는 것은 틀림없다. 국내 노동시장에서의 성차별은 저출산, 만혼과 비혼非婚의 가장 중요한 원인 중 하나이기도 하다. 우리나라는 OECD 국가 가운데 2019년까지 17년째 남녀 임금 격차 1위를 차지하고 있다.

남녀 간 차별을 금지하고 격차를 개선하기 위한 법 제정과 제도 개선이 꾸준히 이루어지고 있는데 현장에서 격차가 완화되는 속도는 왜 더딜까? 대표적으로 고용, 승진, 교육, 배치 등에서 남녀의 평등한 기회 및 대우를 보장하기 위해 33년 전 제정된 남녀고용평등법이 법의 취지를 제대로 살리지 못하고 있다. 민주노총이 2020년 1월 22일 발표한 '고용 성차별, 어떻게 깰 것인가'라는 주제의 이슈페이퍼에 따르면 지난 6년간 고용상 성차별로 검찰에 기소된 사례는 고작 12건에 불과했다. 반면 2014년부터

2018년까지 5년간 고용상 성차별 관련 상담은 1,170건에 이를 정도로 많다. 그만큼 고용 현장에서 벌어지는 성차별이 처벌받는 경우는 드물다는 의미다. 처벌이 이루어지더라도 500만 원 이하의 벌금이 부과될 뿐이다.

2018년 고용상 성차별에 대한 처벌을 5년 이하의 징역 또는 2000만 원 이하의 벌금으로 강화하는 법안을 정의당 심상정 의원이 발의했다. 이철승 서강대 교수는 『불평등의 세대』에서 "성별 임금 격차의 온존 및 확대는 한국의 노동시장이 시장 기제에만 맡겨둘 수 없는 봉건적 요소에 의해 지배되고 있을 가능성을 의미한다"면서 "나는 성별 격차 문제의 경우 서구와 같이 여성 차별을 금지하거나 (…) 여성할당제를 도입하는 것과 같은 특별한 입법 조치를 강구해야 하는 상황에 이르렀다고 판단한다"고 말했다.

법령이 제 기능을 발휘하지 못하는 동안 우리나라의 남녀평등지수는 거의 전 부문에서 국제적으로 하위권을 벗어나지 못하고 있다. 영국 《이코노미스트》지가 OECD 국가들을 대상으로 고등교육, 기업 임원과 여성 국회의원 비율 등을 종합해 점수를 낸 '유리천장지수'에서 한국은 집계를 시작한 2013년부터 2020년까지 8년 연속 꼴찌를 기록하고 있다. 2019년의 경우 한국은 유리천장지수에서 100점 만점에 겨우 20점 남짓을 받아 29개 회원국 평균인 60점에 크게 못 미쳤다. 우리나라는 10개 성차별 항목 가운데 남녀 임금 격차(34.6퍼센트), 여성 관리자 비율(12.5퍼센트), 여성 기업이사의 비율(2.3퍼센트) 등 3개 부문에서 꼴찌를 기록했다. 여성 이사 비율은 2020년에 3.3퍼센트로 높아졌지만, OECD 평균(25.4퍼센트)에는 한참 못 미친다. 꼴찌에서 둘째인 일본도 우리보다 2배 이상 높은 8.4퍼센트다.

우리나라 사회 전반, 특히 기업과 가족 관계에 유교 사상과 가부장제가 미친 영향을 무시할 수 없다. 2018년에는 유수의 공기업과 금융기관들이 채용 과정에서 여성 합격자 수를 줄이기 위해 점수를 조작하고 여성에게 불리하도록 채용 비율을 할당하는 등 노골적인 성차별을 자행한 것이 검찰 조사에서 밝혀지기도 했다. 법이 아무리 잘 정비되어 있더라도 직장에서 벌어지는 다양한 형태의 간접 차별, 임신과 육아 중인 여성에 대한 기업의 불이익 조치 등을 일일이 규제하기는 어렵다. 따라서 학교와 기업, 사법부를 포함한 공공기관 등에서 성인지 감수성과 성평등 인식을 높이기 위한 체계적인 교육이 필요하다는 지적이 꾸준히 제기되고 있다.

젠더 경제 격차

우리나라에서 남녀 임금 격차가 큰 원인이 무엇인지, 격차가 합당한지에 대한 논의는 이 문제의 중요성만큼 활발하게 이루어지지 않고 있다. 노동시장 내 성별 격차가 심한 한국과 일본에서 각각 차별이 실재한다는 것을 입증한 연구 결과들이 있다. 우리나라에서는 독과점 기업, 대기업, 노조가 있는 기업일수록 채용과 임금에서 여성 차별이 뚜렷하고, 그 때문에 이윤도 낮아지는 것으로 나타났다. 일본에서는 남녀 평등형 기업이 차별형 기업보다 경영 성과가 더 좋다는 사실이 입증되었다.

한국의 남녀 간 임금 격차는 국내 및 외국의 조사 결과에서 35퍼센트 안팎으로 나타난다. 글로벌 회계컨설팅업체 프라이스워터하우스쿠퍼스PwC의 '2019년 직장여성지수' 보고서에 따르면, 한국은 남녀 임금 격차가 34.6퍼센트로 OECD 회원 33개국 가운데 가장 큰 것으로 나타났다. PwC는 그 밖에도 여성의 노동시장 참여율, 여성 실업률, 여성의 정규직 고용 비중 등 5개 지표의 남녀평등 수준에서도 한국이 최하위인 33위였다고 밝혔다. 다른 조건이 같을 때 우리나라 여성 노동자의 생산성이 남성보

MIND THE PAY GAP

다 35퍼센트 뒤처진다면 이런 임금 격차는 합리화될 수 있을 것이다. 즉 이 임금 격차 가운데 여성에 대한 임금 차별 부분이 없다면 임금 격차는 남녀의 생산성 격차에 기인하므로 어떤 기업이 여성을 더 많이 고용하거나 덜 고용한다고 해서 이윤이 변화하지는 않을 것이다. 이는 합리적인 임금 격차에 해당한다고 볼 수 있다.

한양대학교 경제학과 신동균 교수는 2007년 한국노동연구원이 펴낸 「노동시장 차별과 적극적 고용 개선 조치」 보고서에 실린 논문 '사업체 패널 자료를 이용한 성차별 분석'에서 이런 가정이 반대로 드러난다면 차별을 입증할 수 있다고 보았다. 즉 여성 고용 비율이 높아질수록 이윤이 커진다면 이는 차별의 증거가 된다고 추론할 수 있다. 남녀 간 임금 격차가 생산성 격차에 의해 발생한 것이 아니라 차별주의 편견에 의해 발생한다면 여성을 더 많이 고용할수록 이윤 수준은 올라갈 것이다.

신동균 교수는 매년 같은 사업체의 인사·노무 담당자와 근로자 대표를 대상으로 한국노동연구원이 실시하는 사업체 패널 조사의 2002~2004년 조사 결과 가운데 매출액을 매년 보고한 1,834개 사의 경영 실적을 분석했다. 그 결과 여성 고용 비율이 10퍼센트포인트 증가할 경우 기업 이윤은 0.65퍼센트 증가하는 것으로 나타났다. 이는 남녀 간 임금 차별이 존재한다는 것을 보여준다. 특히 시장점유율이 5퍼센트 이하로 낮은 기업들에서는 여성 고용 비율이 기업의 성과에 전혀 영향을 주지 않은 반면, 5퍼센트 이상인 기업에서는 그 상관관계가 뚜렷한 것으로 나타났다. 이는 시장이 독점화될수록 여성에 대한 임금 차별이 존재할 여지가 더 크다는 것을 보여준다. 신동균 교수는 또한 사업체 규모가 커질수록 여성의 상대적 고용 상황은 악화된다고 지적했다.

일본의 대표적인 페미니스트 학자 우에노 지즈코는 『여성은 어떻게 살아남을까』에서 일본의 노동시장에서 여성 차별이 합리적인지에 대한 경제학자 가와구치 아키라의 분석을 소개했다. 우에노 지즈코에 따르면 아키라는 2008년 펴낸 『젠더 경제 격차』라는 책에서 상장 기업 2,531개사의 2005년도 데이터를 바탕으로 차별형 기업과 평등형 기업을 비교, 분석했다. 여기서 성차별 지표는 정사원(정규직)의 여성 비율, 관리직의 여성 비율, 포지티브 액션(적극적 차별 시정 조치)의 수 등 세 가지다. 차별형 기업의 특징은 1)기업 규모가 크다, 2)매출고가 높다, 3)전투력이 되기까지 오래 걸린다, 4)사원의 근속 연수가 길다, 5)복지제도가 충실하다, 6)주주보다 은행을 더 중시하는 경향이 있다 등을 꼽을 수 있다. 평등형 기업의 특징은 5번 항목이 '포지티브 액션이 있다'로 대체될 뿐 다른 항목들은 모두 차별형 기업과 반대다. 두 기업 유형 간의 결정적인 차이는 평등형 기업이 매출액 대비 영업이익률이 높다는 것이다. 우에노 지즈코는 이 대목에서 차별형 기업보다 평등형 기업이 경제적 합리성이 더 높다는 결론을 도출할 수 있을 것이라고 말한다.

가와구치 아키라는 같은 책에서 일본 내 선행 연구들의 성과를 다음과 같이 요약했다. 사원의 여성 비율이 높은 기업은 이윤이 높고 성장률도 높다. 또한 시장 경쟁이 치열한 산업의 기업은 여성 사원의 비율이 높고 남녀 간 임금 격차가 크지 않다. 이는 신동균 교수의 우리나라 기업 대상 분석 결과와도 일치한다.

/ 임항

참고 자료

이철승, 『불평등의 세대』, 문학과지성사, 2019 | 우에노 지즈코, 『여성은 어떻게 살아남을까』, 박미옥 옮김, 챕터하우스, 2018 | 매기 앤드루스 외, 『100가지 물건으로 다시 쓰는 여성 세계사』, 홍승원 옮김, 웅진지식하우스, 2020 | 「한국 '성차별왕' 굴욕… OECD 회원국 중 유리천장 최악 판정」, 《연합뉴스》, 2019년 3월 8일 | 「유리천장 여전한데… 6년간 남녀고용평등법 성차별 위반은 달랑 '12건'」, 《한국일보》, 2020년 1월 22일 | 「OECD 성별 임금격차 최대」, 《아시아경제》, 2020년 11월 25일 | 「유리천장지수, 한국 7년째 꼴찌… 임금격차 차별 심각」, SBS, 2019년 3월 8일 | 「韓, OECD 회원국 중 '남녀임금 격차' 제일 커… 33개국 중 꼴찌」, 《동아일보》, 2019년 3월 5일 | 「독과점 기업·대기업·노조 있는 기업일수록 고용·임금 여성차별 뚜렷」, 《국민일보》, 2007년 2월 19일 | 「기업 이사회 여성비율 3%대… 한국 유리천장 지수, 8년째 OECD 꼴찌」, 《조선일보》, 2020년 12월 7일

MILLENNIALS

03

일자리의 미래

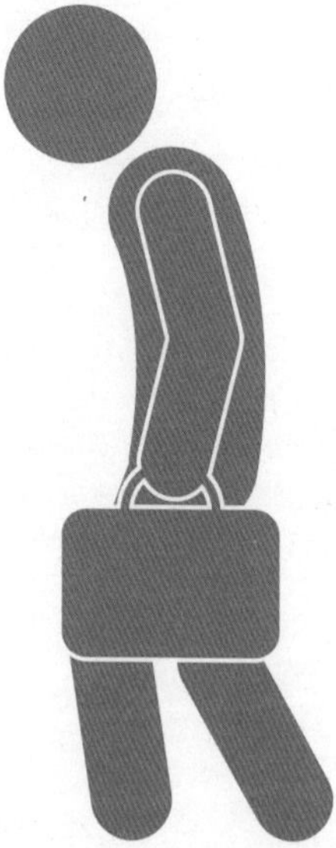

ON AIR 20180621

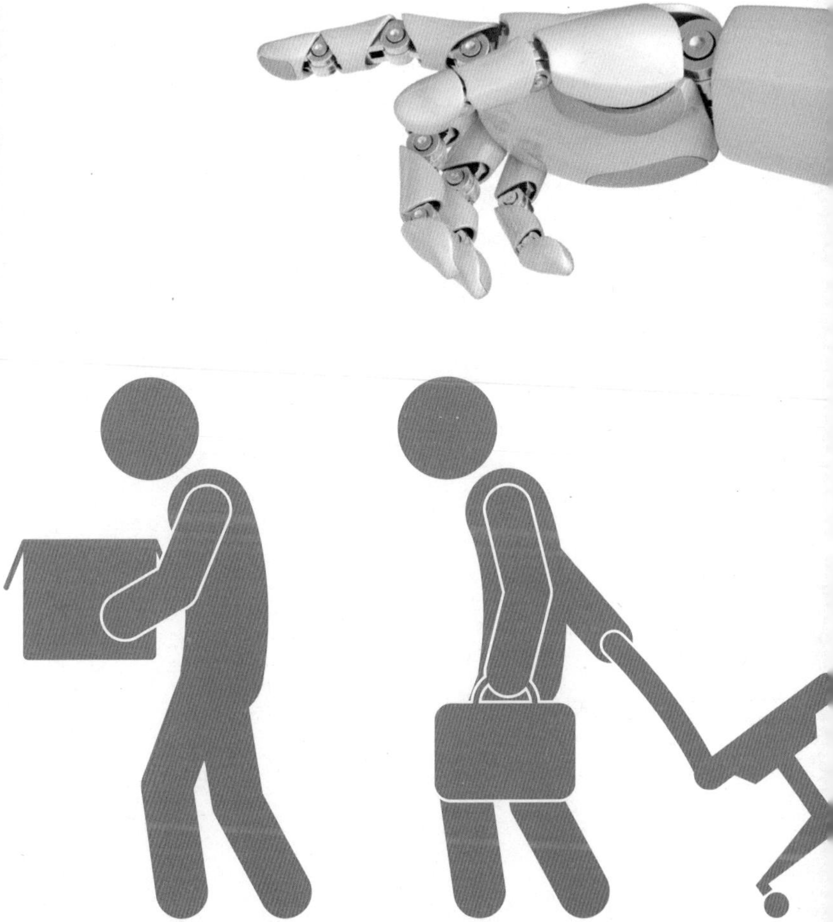

직업이 불확실한 미래

4차 산업혁명의 파도가 전 세계를 휩쓸고 있다. 인공지능, 빅데이터와 알고리즘, 가상현실과 증강현실 기술, 3D 프린터, 자율주행 자동차, 스마트 공장, 디지털 헬스케어, 그리고 로봇. 공통점은 이들 신기술이 순식간에, 부지불식간에 이미 우리 곁에 와 있다는 것이다. 그리고 이 기술들은 기존 일자리를 상당수 폐기 처분할 것이다.

세계경제포럼WEF은 2016년 '일자리의 미래' 보고서에서 2020년까지 총 710만 개의 일자리가 사라지고 200만 개의 일자리가 창출되어 결국 510만여 개가 감소할 것으로 전망했다. 현재 초등학교 입학을 앞둔 7세 아이들의 65퍼센트가 기존에 존재하지 않았던 새로운 직종에서 일하게 된다는 것이다.

인간의 평균수명은 길어졌지만 직업 수명은 짧아졌다. 이제는 평생 4~5개 이상의 직업을 가져야 하는 사회가 될 것이다. 이런 맥락에서 새롭게 요구되는 것이 역량 중심의 교육이다. 단순한 지식 암기가 아니라 현실에 적용 가능한 능력을 키우는 교육이다. OECD는 도구 활용 능력, 사회적 상호작용 능력, 자기 삶에 대한 자주적 관리 능력, 기술과 지식을 창의적으로 활용하고 갈등 속에서 문제를 해결하는 능력을 미래 핵심 역량으로 꼽는다.

세계 각국은 교육과정을 역량 중심으로 바꾸고 있다. 독일은 융복합 인력 양성을 위한 문·이과 통합 교육을 실시하고 있다. 아르헨티나 부에노스아이레스의 중·고교는 2년간 기술 교육을, 3년간 기업가 교육을 시킨다. 교사의 역할은 이제 교과의 지식 전달보다는 학생들의 호기심을 고취하고, 열정을 찾도록 돕고, 공감하는 능력과 더 넓은 차원에서 사고하는 방식, 팀워크를 가르치는 쪽으로 변할 것이다.

옥스퍼드대학교 교수인 계산신경과학자 앤더스 샌드버그는 "몇 마디로 쉽게 설명하기 어려운 직업이 살아남을 것"이라고 말한다. 미래학자들은 앞으로 대학 교육도 전공 분야의 지식만을 전달해서는 안 되고, 여러 학문 분야에 걸친 문제해결 능력, 사회성, 감성지능, 비판적 사고력 등이 교육과정에 포함되어야 한다고 지적한다.

단기적으로 기술적 실업 사태와 사회적 혼란을 피하기는 어려울 것이다. 특히 4차 산업혁명에서는 고소득 전문직부터 실직하고 있다. 그러면 중산층이 붕괴되고, 일자리 양극화가 극단적으로 진행될 것이다. 유발 하라리가 "쓸모없는 계급"이라고 지칭한 이 실직자 계층을 위해 기본소득을 도입하거나 교육적, 사회적 해결책을 마련해야 한다는 목소리가 세계적으로 높아지고 있다.

미래의 우리에게
필요한 역량은
자동화될 수 없는
역량, 인간 본연의
역량이다.

— 니콜라 사디락(프랑스 에콜 42 교장)

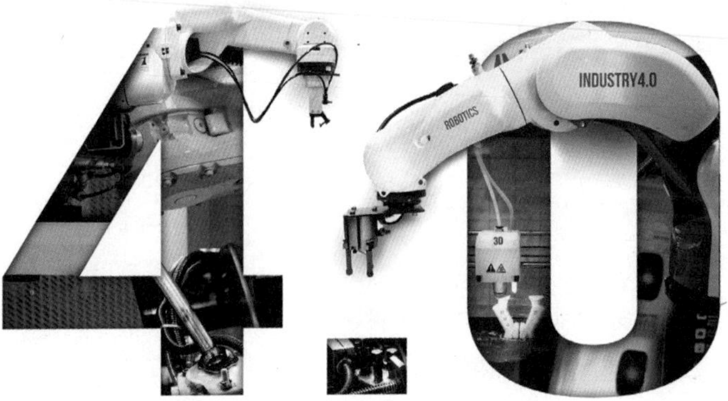

기술 비관론 vs 기술 낙관론:
4차 산업혁명은 새로운 일자리를 만들 수 있을까?

"4차 산업혁명은 이미 시작되었고, 1~3차 산업혁명과는 달리 기하급수적인 속도로 진행될 것이다. 이는 (…) 국가와 기업 그리고 개인의 운명을 송두리째 바꿀 것이다. (…) 그리고 현존하는 직업의 절반이 사라질 것이다." 미래전략정책연구원 박경식 원장은『10년 후 4차산업혁명의 미래』에서 이렇게 말했다.

기술 비관론자들은 4차 산업혁명의 일자리 위협이 과거와 달리 복구 불가능할 정도로 파괴적일 것으로 전망한다. 우선 4차 산업혁명의 전례 없는 속도와 넓은 범위는 새로운 일자리 창출과 개인의 전직을 위한 시간을 허락하지 않는다. 컴퓨터의 정보처리 능력은 18개월마다 100퍼센트씩 증가한다는 무어의 법칙에 이어 컴퓨팅 분야뿐만 아니라 인공지능을 장착한 로봇공학, 생명공학, 나노기술 분야에서도 기술혁신 가속화가 동시에 진행되고 있다. 과거에는 자동화가 하나의 산업씩 차례로 이루어졌기 때문에 대체된 근로자들이 다른 신흥 산업으로 진출할 수 있었지만, 모든 산업에서 자동화가 동시에 진행되는 지금은 그런

식의 이행이 불가능하다.

또한 지금의 기술적 실업 증대를 낳는 주요 원인 중 하나가 소프트웨어 산업의 발전인데, 소프트웨어 산업은 19~20세기의 제조업에 비해 일자리를 훨씬 더 적게 창출한다. AT&T는 전성기였던 1964년에 직원이 75만 8,000명이었지만, 구글의 모기업인 알파벳의 2019년 직원 수는 7만 5,000명이다. 2004년 6만 명을 고용한 비디오 대여 체인인 '블록버스터'는 고작 직원 30여 명 규모로 영화를 가정으로 직접 배달하기 시작한 스타트업 넷플릭스와의 경쟁에서 밀려 2013년 파산했다. 넷플릭스는 성장을 거듭해 2020년 4월 기준 전체 가입자 수 1억 8000만 명을 돌파했고 블록버스터보다 훨씬 더 많은 수익을 창출하지만 정규직 사원은 5,400명에 불과하다.

유럽 최대의 전략 컨설팅 회사인 롤랜드버거는 지난 40년간 지속된 자동화 시대에 일자리를 보완해주었던 대안들이 더 이상 작동하지 않는다고 지적했다. 물류, 유지 보수, 보안 등 서비스 관련 산업의 성장에 기여해온 아웃소싱 서비스는 더 이상 고용을 창출하지 못한다. 또한 생산성 향상이 구매력으로 전환되는 구조를 통한 고용 창출도 전환점을 맞았다. 디지털 기술 서비스의 생산성은 더 이상 산업 일자리 상실을 상쇄할 수 없을 정도로 증가했다. 신흥국 일자리 창출의 견인차였던 저비용 모델도 쇠퇴할 운명에 처했다. 4차 산업혁명으로 고비용 국가들의 노동비용이 낮아지기 때문이다.

이에 맞서 기술 낙관론자들은 신기술이 없앤 일자리보다 만들어낸 일자리가 더 많다는 공리를 들어 기술 비관론자들을 반박해 왔다. 인쇄기와 자동차는 윤전공과 마부보다 훨씬 더 많은 관련 산업과 수백만 개의 일자리를 창출했다. 기술 낙관론자들은 4차 산업혁명에서도 로봇의 등장으로 고용이 줄었다는 뚜렷한 근거가 없으며, 인공지능의 노동력 감축 효과는 부풀려져 있다고 말한다. 중국은 세계 전체 로봇 판매량의 25퍼센트를 구매했지만, 로봇이 노동시장에 큰 영향을 미치고 있다고 말할 근거는 아직 없다. 2014년 중국의 로봇 판매량은 2013년 대비 54퍼센트 증가했지만, 그해 중국 도심 지역의 평균임금은 10퍼센트 이상 상승했다.

IT 기업 기술 CEO 자문위원회의 의뢰를 받아 경제학자 마이클 맨델과 브레트 스완슨 교수가 수행한 연구에 따르면 신기술은 아이폰과 같은 플랫폼에 우호적인 분위기를 조성해 간접적 일자리를 만들어낸다. 애플이 현재 고용한 직원은 7만 6,000명이지만, 애플 웹사이트의 수치에 따르면 2007년 아이폰 출시 이후 앱스토어라는 플랫폼을 통해 수십만 개의 앱이 만들어졌으며 미국에서만 190만 개의 일자리를 창출했다. 맨델과 스완슨 교수는 간접적 일자리에 주목하면서 앞으로 몇 년 동안 3D 프린터와 가상현실 헤드셋 등의 제조업 부문에서 수백만 개의 일자리가 창출될 것으로 예측한다. 스완슨 교수는 "앞으로는 개인이 집에 3D 프린터를 보유하게 될 것이며, 이것으로 필요한 제품을 만들거나 만든 제품을 다른 사람에게 팔 수도 있을 것이다. 실업이 아닌 고용 붐이 일 것이다"라고 말했다.

스완슨 교수는 온라인 소매업체들도 결국 자신들이 파괴하는 것보다 더 많은 일자리를 창출할 것이라고 주장한다. 전 세계 아마존 직원은 2012년 3만 2,000명에서 2017년 34만 1,000여 명으로 늘어났다. 2007년부터 2017년까지 미국 내의 백화점과 서점 등 오프라인 소매업체는 5만 1,000개의 일자리를 잃었지만, 같은 기간 전자상거래는 35만 5,000개의 새 일자리를 창출했다. 스완슨 교수는 예상과 달리 애플 소매점에서 4만 명의 직원을 고용하고 있다는 점을 상기시켰다.

제4의 실업:
고소득 전문직이 사라진다

4차 산업혁명이 앞선 산업혁명과 결정적으로 다른 점은 현재의 고소득 전문직도 일자리를 잃기 시작했다는 것이다. 미래전략정책연구원은 "2020년까지 사라지는 710만 개 일자리의 대부분이 사무직 및 관리직인데 특히 현재의 고소득 전문직부터 사라지게 될 것"이라고 말한다. 그들은 의사, 약사, 변호사, 회계사, 세무사, 애널리스트 등이다. 이른바 제4의 실업이다. 산업혁명에서 농민이 일자리를 잃은 것이 제1의 실업, 1960년대 자동화 기술의 발전으로 인한 공장노동자들의 실직이 제2의 실업, 컴퓨터 기술의 발전으로 화이트칼라들이 직장을 잃는 상황이 제3의 실업이라면, 로봇과 인공지능으로 전문직들이 일자리를 잃기 시작하는 것은 제4의 실업이다.

과거 농업 종사자들은 공장으로, 공장노동자들은 서비스업으로 이동할 수 있었지만 화이트칼라와 전문직은 갈 곳이 없다. 서비스업 종사자들도 로봇으로 빠르게 대체되고 있기 때문이다.

변호사

'리걸줌', '로켓로이어', '로데포'와 같은 로봇과 온라인 법률 플랫폼은 유언, 이혼 절차, 임대 계약 등 전통적으로 변호사들이 수행해오던 일상적인 법률 서비스를 이미 제공하고 있다. 리걸줌닷컴은 임대계약서 작성에 최소 29달러, 기본 유언장 작성에는 69달러, 합의이혼에는 299달러에 법률 서비스를 제공한다. 변호사를 선임하면 최소한 시간당 300달러를 지불해야 하는 서비스들이다. 법대생도 변호사도 아닌 대학생 조슈아 브라우더가 설립한 무료 웹사이트 '두낫페이닷컴'은 법정에서 교통법규 위반 고지서 문제로 다투는 사람들을 돕는다. 이 플랫폼은 이의 신청에 필요한 법률 서류를 컴퓨터 프로그램으로 작성해주며, 2017년 말까지 37만 5,000장의 주차 위반 고지서에 이의를 제기해 930만 달러의 벌금을 절약하게 했다. '모드리아닷컴'은 온라인에서 제품을 산 사람들과 판 사람들 간에 벌어진 약 4억 건의 분쟁을 해결했다고 주장한다. 스탠퍼드 로스쿨의 대니얼 시칠리아노 교수는 "15년 안에 변호사의 3분의 2가 변호사 일을 하지 않을 것이며, 나머지 3분의 1도 적어도 지금과 같은 방식으로는 하지 않을 것이다. 많은 사람이 변호사의 꿈을 아예 접을 것이다"라고 말했다.

의사

실리콘밸리 의료기술 분야의 거물이자 선마이크로시스템즈의 공동 창업자인 비노드 코슬라는 컴퓨터와 로봇 기술이 궁극적으로 의사들이 현재 하는 일의 80퍼센트를 대체할 것으로 예측했다. 하지만 이는 의사의 80퍼센트가 실직한다는 의미는 아니다. 검진과 검사, 진단, 약 처방, 생활 습관 교정, 수술 등 전통적으로 의사가 하던 역할 중 대부분을 컴퓨터가 훨씬 더 효율적으로 수행하게 된다. 마조로보틱스가 만든 로봇 외과의사는 이미 미국 전역의 150개 이상 병원에서 2만 5,000건이 넘는 척추 수술을 했다. 최근 개발된 바이롭이라는 소형 로봇은 관상동맥에서 혈전을 제거할 뿐만 아니라 인체 구석구석을 돌아다니며 조직검사를 수행할 수 있다. 의사는 환자를 심리적으로 안정시키고 컴퓨터 데이터 해석을 도와주는 역할에 더 집중하게 될 것이다. 코슬라는 우리 곁에는 '닥터 알고리즘'이 함께할 것이라고 말했다. 코슬라는 보건 산업 분야에서 10~15년 후에는 알파고와 같은 지능형 알고리즘이 의사를 대체하게 될 것으로 전망한다.

금융업과 애널리스트

금융회사들은 2007년 서브프라임 모기지 사태 이후 새로운 성장 동력을 찾지 못하고 인건비 절감을 위해 주식거래를 알고리즘 매매로 전환했다. 2011년 이후 미국의 주식거래 중 70퍼센트가량이 알고리즘에 의해 이루어지고 있으며, 월스트리트는 수학자와 공학자의 거리로 변하고 있다. 또한 알고리즘으로 투자 자문을 하는 로봇 애널리스트가 펀드매니저를 위협하고 있다. 대형 투자은행의 애널리스트들도 알고리즘으로 대체되면서 숫자가 줄고 있다. 골드만삭스가 2014년 인수한 켄쇼테크놀로지의 알고리즘은 매월 첫째 금요일에 발표되는 미국 노동통계국의 월간 고용보고서가 경제에 미칠 영향과 투자자문 방안을 5분 안에 보고해 올린다. 켄쇼테크놀로지를 설립한 대니얼 나들러는《뉴욕타임스》와의 인터뷰에서 향후 10년 안에 금융업 종사자의 3분의 1에서 절반가량이 알고리즘 때문에 일자리를 잃게 될 것이라고 전망했다.

/ 임항

참고 자료

차두원·김서현, 『잡 킬러』, 한스미디어, 2016 | 안드레스 오펜하이머, 『2030 미래 일자리 보고서』, 손용수 옮김, 가나출판사, 2020 | 유발 하라리, 『호모 데우스』, 김명주 옮김, 김영사, 2017 | 미래전략정책연구원, 『10년 후 4차산업혁명의 미래』, 일상과이상, 2017 | 롤랜드버거, 『4차 산업혁명 이미 와 있는 미래』, 김정희·조원영 옮김, 다산3.0, 2017

MILLENNIALS

04

빈칸 가족

ON AIR 20190227

(• • •)

소속감이 없고
인정받지 못하며
정체성이 모호한
'공백의 시간'.

어느 가족이 지나고 있는
'이름 없는' 시간

우리 집 세 식구의 아침은 다른 집들과 다르게 열린다. 재수생인 '나'는 온종일 방에서 나갈 생각을 하지 않는다. 온라인으로 취미 동호회에 가입하려 하니 직업을 입력하라고 한다. 직업 선택지 중에 '대학생'은 있지만 '재수생'은 없다. 고졸자 가운데 다섯 명 중 한 명이 재수를 선택하지만 재수생은 우리 사회에서 인정받지 못하는 신분이다.

'나'의 오빠는 대학을 졸업한 후 2년째 소속된 곳이 없다. 취업준비생, 즉 구직 활동 중인 그는 아침이면 알람 소리에

이불을 차고 일어나 컴퓨터를 켜고 그룹 스터디에 몰두한다. 자기소개서를 수십 번도 넘게 썼지만 입사지원서의 빈칸을 보면 늘 아뜩해진다. 청년 실업 문제는 인구 구성의 변화와 무관하게 이제는 국가 경제문제의 붙박이 항목이 되어버렸다.

그 시각에 아빠는 이미 일터에 나가 땀을 흘리고 있다. 직장에서 은퇴한 지 3년이 지났지만 오래전에 세워둔 은퇴 계획과는 달리 여전히 돈을 벌어야만 한다. 그는 은퇴 후에 악기 하나를 배워 능숙하게 연주하는 것이 꿈이었다. 그 꿈을 접은 채 오늘도 건설 현장에 나가 포클레인의 버킷을 열고 흙을 담아 케빈을 회전시킨다. 국가기술자격 통계연보(2017)에 따르면 50대 이상 자격증 취득자 수는 4년 동안 56퍼센트 증가했다. 또 어느 은퇴 연구소에 따르면 50~60대의 53퍼센트가 성인 자녀에게 경제적 지원을 하고 있으며, 이 세대의 34퍼센트는 노부모와 성인 자녀를 모두 부양하고 있는 것으로 나타났다(2018년 기준). 이들 '낀 세대'는 자녀와 부모 사이에서 '더블케어'의 덫에 빠진 채, 은퇴했어도 진정한 은퇴와는 거리가 먼 노고에 시달리고 있다.

소속감이 없고, 인정받지 못하며, 정체성이 모호한 공백의 시간. 이 빈칸을 없애고 최소한의 존재감을 확인하고픈 이들이 결국 일자리나 학생 신분을 따내더라도 안정된 미래와 자존감이 확보되는 경우는 많지 않다. '경제활동인구조사' 청년층 부가조사 결과에 따르면, 청년들은 첫 직장 평균 근속 기간이 1년 5.3개월에 불과하다(통계청, 2019년 5월). 직장을 그만두고 나면 다시 취업 준비나 진학 등 '자기계발' 기간이다.

"지금 우리는 프롤레타리아가 자신의 인간적 조건의 회복을 위해서가 아니라 자신의 비인간적인 조건의 회복을 위하여 투쟁하는 이상한 시대에 와 있다."

— 비비안 포레스테, 『경제적 공포』 중에서

경제적 공포가 지배하는 시대:
청년 실업과 노인 빈곤

우리나라에서 고도 성장기는 종신고용의 시대였다. 고급 인력이 부족하던 시기에 기업들은 장기근속을 유도하기 위해 연공급 위주의 임금 체계를 세웠다. 이는 청년층의 임금 일부를 장년층 근속자에게 몰아주는 후불 성격의 임금 제도로, 기업은 이런 체계를 통해 1960년대 이후 재정이 열악한 정부 대신 법정 퇴직금과 각종 복지제도 등을 통해 사회복지의 일정 부분을 담당했다.

그러나 저성장 또는 성장 답보 시기에 접어들자 기업들은 더 이상 충분한 인력을 유지할 수 없게 되었다. 비정규직과 인력 외주화에 점차 의존하게 되었고, 충성도 높은 근속 직원보다 고용 유연성을 추구하게 되었다. 한국은 기업체 평균 근속 기간이 5년(2019년 기준)으로 OECD 25개국 중 가장 짧은 편인 나라가 되었다. 4대 사회보험과 정부의 사회복지 예산 확대 속도는 최근 급증하는 사회보장 및 복지 수요를 따라잡지 못하고 있다.

가족 공동체의 상황도 더욱 나빠지고 있다. 장년층과 노년층은 직장에서 더 일찍 은퇴하고 더 오래 살게 되었다. 반면 청년들은 휴학, 자기계발, 평균 1년 안팎의 취업 준비 기간 등을 거쳐 첫 취업을 하는 시기가 자꾸 늦어지고 있다. 이래저래 청년층과 노년층 모두 직장을 다닐 수 있는 기간 혹은 풀타임으로 돈을 벌 수 있는 기간이 줄어들고 있는 것이다.

가장은 결국 60세 전후에 은퇴하더라도 가족의 생활비를 벌어야 하므로 일을 그만둘 수 없다. 우리나라 남성의 유효은퇴연령은 평균 71.1세로, OECD 국가 가운데 멕시코(72세)에 이어 두 번째로 높다. 유효은퇴연령이란 노동시장에서 완전히 빠져나가 더는 경제활동을 하지 않는 나이로, 실질적인 은퇴 시점을 뜻한다.

통계청의 경제활동인구조사 청년층 부가조사(2019년 5월) 결과에 따르면 15~29세 청년층 비경제활동인구 가운데 취업 시험 준비자는 모두 71만 4,000명(15.3퍼센트)으로 나타났다. 여기에 2009년 이후 2018년까지 매년 30만 명 안팎인 "그냥 쉬었다"는 청년을 포함해 100만 명 이상이 이력서의 '빈칸' 속에 갇혀 있다. 이른바 청년 니트(NEET: 영어로 'Not in Employment, Education or Training'의 약어로, 일하지 않고 일할 의지도 없는 무직자를 일컫는다)족에 해당된다. 더구나 코로나19 창궐 초기인 2020년 2월에는 청년층 중 "그냥 쉬었다"고 답한 인구가 43만 8,000명으로 치솟았다.

일본의 사례를 보면 이들 중 상당수는 중년이 되어서도 경제적 자립을 못 하고 부모에게 기대어 산다. 이른바 중년 니트족이다. 2019년 12월 16일 일본 도쿄 지방법원에서는 중년 니트족 아들(44세)을 살해한 구마자와 히데아키(76세) 전 농림성 차관에 대한 1심 재판이 열렸다. 도쿄에서 오랫동안 은둔형 외톨이 생활을 한 아들이 고향으로 돌아와 부모에게 폭력을 휘두르자, 아들이 자신들 부부와 다른 사람들을 해칠까 봐 걱정한 구마자와 씨는 결국 아들을 죽였다. 법원은 이 늙은 아버지에게 6년형을 선고했다. 장기 불황을 겪은 일본에서는 80대 부모가 50대 니트족 자녀를 부양한다는 뜻의 '8050 문제'라는 신조어도 생겼다.

잉여 혹은 공백의 시간을 거쳐 취업하더라도 이들 중 과반수는 다시 저임금과 실업의 위협이 상존하는 일자리에 내몰린다. 넓은 의미의 비정규직과 영세 자영업자 등 불안정 노동자의 규모는 늘고 있다. 강남훈 한신대학교 교수는 "한국 노동시장을 한마디로 요약하면 10퍼센트의 노동자만 특별한 안정성을 누리고 있고, 60퍼센트의 노동자는 과도한 불안정성에 시달리고 있다"고 말했다. 강남훈 교수는 우리나라의 불안정 노동자를 비정규직, 영세 자영업자, 무급 가족종사자 및 사실상 실업자로 규정하고 1692만 명으로 집계했다(2018년 8월 기준). 이는 확장 경제활동인구의 56.85퍼센트에 해당된다.

다른 나라에 비해 현저히 높은 노인 자살률, 꺾이기는커녕 더욱 심해지는 만혼과 비혼, 저출산 추세는 현재의 경제 운용과 복지 모델이 시대에 뒤떨어지고 있으며 개혁의 대상임을 시사한다.

기본소득:
새로운 복지 모델이 될 수 있을까

취업 준비, 실업, 질병으로 인한 장기요양 등 인생의 빈칸 또는 과도기에 제도적으로 도움이 될 수 있는 방법 중 하나로 기본소득을 들 수 있다. 기본소득의 백과사전적 정의는, 모든 국민에게 개별적, 정기적으로 재산 유무와 노동 여부에 상관없이 무조건 지급하는 현금 소득이다. 여기서 세 가지 핵심은, 소득이나 재산 조사(자격 심사)가 필요 없다는 '보편성', 노동 여부나 일할 의사를 증명할 필요가 없다는 점에서 '무조건성', 그리고 가구의 경제 상황과 연계되지 않고 각 개인에게 주어지는 '개인적 수급권'이라는 점 등이다.

이 중에서 아무런 의무도 부과하지 않는 '무조건성'은 기울어진 운동장에서 뛰어야 하는 약자들에게 든든한 받침대를 제공한다. 최소한의 생계가 보장되므로 형편없는 일자리를 거부할 자유가 생기는 한편, 소득은 적지만 적성에 맞아 하고픈 일을 선택할 수도 있다. 목표로 삼는 직업에 접근하기 위해 필요한 인생의 빈칸을 당당하게 지낼 수 있게 해준다. 필리프 판 파레이스는

SPREAD
THE
Everyone
the means
www.BASIC

The bankers
cheat + lie:
Forex
WE'VE HAD ENOUGH
OF NOT HAVING
ENOUGH!!
TORY
RULE
END
AUSTERITY
NOW
pcs
eserves
o Live
NCOME.org.uk

『21세기 기본소득』에서 "(무조건적 기본소득의) 목적은 그저 빈곤의 참상을 완화시키는 것이 아니라 우리 모두를 다 함께 해방시키는 데 있다"고 말했다.

지금 우리나라의 공공부조 가운데 기초생활보장제와 구직수당은 자격 심사를 통해 대상자를 선별하는 시스템이다. 이런 선별소득보장은 세금을 걷는 행정 비용 외에도 보조금 신청 및 접수, 선별 등에 많은 비용이 든다. 반면 기본소득은 보조금 지급까지 아무런 절차와 비용이 필요하지 않아 막대한 행정 비용이 절감된다. 또한 선별소득보장 신청자에 대한 낙인 효과를 걱정할 필요가 없으므로 시민으로서 자긍심을 지킬 수 있다. 기본소득은 선별소득보장의 자격 심사 과정에서 생기는 불공정성, 즉 일부 신청자의 도덕적 해이, 행정 착오, 경제적 지위나 자산 변동으로 인한 불공정도 피할 수 있다.

그러나 다른 한편으로는 다음과 같은 근본적인 의문들이 제기된다. 최소한의 자격 심사도 없으면 기본소득으로 인해 노동 의욕이 꺾이지 않을까? 재벌 손자에게도 기본소득을 주는 것이 옳은가? 전 국민에게 같은 금액을 나눠주면 그 막대한 재원은 어디서 조달하나? 개인별로 주면 규모의 경제가 무시됨에 따라 1인 가구에게 불공평한 것이 아닌가?

첫 번째 의문에 대해서는 아직 정답이 없다. 기본소득은 아직 하나의 이념형일 뿐 전국 단위에서 본격적으로 실시하고 있는 나라는 없다. 다만 여러 나라와 지방자치단체에서 기본소득, 그리고 이와 비슷한 마이너스 소득세를 일부 집단에 대해 실험적으로 실시했거나 실시 중이다(예외적으로 미국 알래스카주는 1982년부터 전 주민을 대상으로 매년 2,000달러 안팎의 기본소득을 지급하고 있다. 알래스카의 기본소득은 고용은 줄이지 않으면서 파트타임 노동을 증가시키는 결과를 가져왔다). 특히 미국의 4개 지역, 캐나다 1개 지역의 일정 가구(1,000여 가구 안팎)를 대상으로 1968년부터 3년 이상 장기간 충분히 먹고 살 만한 소득을 보장한 결과 노동 시간이 10퍼센트가량 감소한 것으로 나타났다. 이런 실험 결과를 놓고 당시 정치인들이 매우 나쁘다고 해석한 반면 기본소득 옹호자들은 우려보다 감소폭이 적다고 반박했다. 또한 노동 시간과 달리 고용률은 줄지 않았다는 점, 건강과 학업 등에서 긍정적인 효과가 나타났다는 점에 주목했다.

둘째 의문은 우리나라에서도 해소되어가는 중으로 볼 수 있다. 0~5세 보육료를 하위 70퍼센트에게만 지급하던 선별적 무상지원이 논란 끝에 2013년부터는 보편 무상교육으로 바뀌었다. 2012년 대선을 계기로 65세 이상 노인 전체를 대상으로 기초연금이 도입되었고, 초중고교 보편 무상급식도 꾸준히 확대되고 있다.

셋째 의문은 기본소득제도를 어떻게 설계할 것이냐의 문제지 근본적인 장애는 아니다. 천문학적 돈이 드는 기본소득제를 운영하려면 정부 재정이 바닥난다거나 국민들이 '세금 폭탄'을 맞을 것이라는 우려는 현상의 한쪽 면만 보는 단견이다. 정부는 원칙적으로 쓸 곳을 먼저 정하고, 그에 필요한 만큼 세금을 걷는다. 즉 기본소득을 위해 거둔 세금은 국민 모두에게 균등하게 보조금으로 도로 지급된다. 재정중립적 정책이니 국고가 축날 일이 없다. 보조금이나 세금 하나만 볼 것이 아니다. 기본소득이 정치적으로 실현 가능하려면 절대 다수인 중산층과 하위 계층이 순純수혜자가 되어야 할 것이다. 즉 세금을 지금보다 상당히 더 내야 할 국민은 5~10퍼센트 이내로 예상된다.

보다 근본적인 질문은 다음과 같다. 작은 정부를 지향하고 있는 우리나라가 기본소득 도입을 통해 복지 예산의 비중을 얼마나 더 늘릴 것인지, 따라서 얼마나 큰 정부로 변화할 것인지, 기본소득이 기존의 공공부조제도와 공공 서비스를 얼마나 축소 또는 대체할 것인지 등이다. 특히 마지막 질문이 앞의 두 선택을 크게 좌우한다. 기본소득의 초기 주창자와 좌파 계열 학자들은 기본소득이 기존의 사회보험은 말할 것도 없고 공공 서비스를 대체해서는 안 된다는 입장이다. 선별적, 보편적 소득보장제도도 부분적으로만 대체, 즉 중복되는 지급분을 일부만 줄일 것을 제시한다.

그러나 기본소득은 좌파의 전유물이 아니다. 기본소득 정책을 가장 적극적으로 논의하고 실험한 나라도 역설적으로 신자유주의 본거지인 미국이다. 우파 정치인과 일부 기업인은 기존의 복지제도, 정부의 사회복지 지출을 줄이기 위한 수단으로 기본소득을 옹호한다. 장하준 영국 케임브리지대 교수는《오마이뉴스》와의 인터뷰(2020년 4월 6일)에서 "(기본소득이) 자칫 복지제도 확대의 반대 근거가 될 수도 있다"고 우려했다. 우리나라 정치권에서도 최근 코로나19 확산으로 인한 경제 위기를 극복하고자 긴급재난지원금을 지급한 것을 계기로 기본소득이 존재감을 드러내기 시작했다. 기본소득은 아직 만들어가는 과정에 있고, 사회적 합의의 중요성이 커지고 있다.

/ 임항

참고 자료

강남훈, 『기본소득의 경제학』, 박종철출판사, 2019 | 필리프 판 파레이스 외, 『21세기 기본소득』, 홍기빈 옮김, 흐름출판, 2018 | 「"구직활동 않고 그냥 쉰다" 취업 포기 청년 30만 명 돌파」, 《서울경제》, 2018년 1월 11일 | 「일본을 보니… 젊은 니트족, 영원한 니트족으로」, 《조선일보》, 2019년 12월 26일

MILLENNIALS

05

너무 긴 1분

ON AIR 20190805

+25°C

-25°C

체감 온도 차이
50도.

극한의 저온에서
일하는 1분.

주문에서 결제까지 단 3분,
냉동식품이 집으로 배송되기까지

냉장고가 없던 시절 인류는 음식을 저장하기 위해 소금과 설탕, 간장에 오랫동안 의존했다. 하지만 냉장고가 등장하면서 음식의 저장과 섭취가 획기적으로 변화하기 시작했다. 19세기 중반에 영업용 냉장고가 개발되었고, 1876년에는 냉동 기술이 탄생했다. 그후 20세기 초에 들어 식품의 맛 저하를 최소화한 급속냉동기법이 등장했고, 제2차 세계대전 이후 냉동 제품이 본격적으로 보급되기 시작했다. 대략 1960년대부터 냉장 온도 섭씨 5도, 냉동 온도 영하 18도로 유지해주는 냉장고가 본격적으로 보급되기 시작하면서 인류의 음식 체계는 전면적인 변혁을 맞게 된다. 자연 부패를 늦추고 유통기한을 늘려 제철이 아닌 음식도, 아주 먼 나라 음식도 언제든 냉장고에서 꺼내 먹을 수 있게 된 것이다. 즉 식품의 생산지에서 식탁에 이르기까지 빈틈없는 냉장·냉동 관리를 일컫는 '콜드체인' 시스템이 탄생했다.

콜드체인을 통해 조달된 대량의 저가 냉동식품은 식료품 가격 파괴의 선봉장이 되었다. 콜드체인은 식품 선택의 폭을 넓혀주었고, 식사 준비시간 또한 단축시켰다.
이 모든 편리의 전제조건은 저온 저장, 저온 수송, 저온 유통, 저온 판매 등이다. 또한 빠뜨릴 수 없는 것이 365일 24시간 저온이 유지되는 작업장이다.

"바깥은 폭염이지만 여기서는 겨울 외투를 입어야 해요."

— 5도로 유지되는 냉장창고 작업자

"여름이 겨울보다 더 추워요."

— 영하 25도 고등어 냉동고 작업자

"추운 것보다 안 다치고 일하는 게 더 중요해요."

— 영하 60도 냉동 참치 창고에서 일하는 하역 노동자

체감 온도 차이 50도인 극한의 저온에서 일하는 시간은 단 1분. 하지만 그 1분은 작업자에게 너무도 긴 시간이다.

최근 우리나라에서는 콜드체인에 '새벽배송'이라는 새로운 경로가 추가되었다. 새벽배송 노동자들은 전날 밤 11시까지 주문 들어온 신선 식품이 물류센터에서 출고되어 자신의 1톤 냉장·냉동 특장차에 실리는 새벽 3시부터 배달을 시작해 세 시간 안에 30~35가구에 상품을 배송한다. 가구당 약 5분가량 걸리는 셈이다.

주문에서 결제까지 단 3분. 한여름에도 섭씨 5도, 영하 25도, 영하 60도로 보관된 식품을 불과 대여섯 시간 안에 집에서 받을 수 있는 세상. 이러한 편리함을 위해 누군가는 극한 노동을 하고 있다.

냉장·냉동 기술이 몰고 온 고기 탐식

냉장고와 냉동고의 등장이 현대 인류의 삶에 미친 영향과 파급 효과는 과소평가되기 쉽다. 식품의 부패를 막고 식품을 장기간 보존한다는 기능만 놓고 보면 냉장고로 인해 우리 식생활이 편리해진 면만 부각된다. 그러나 산업적 파급 효과를 보면 냉장·냉동 기술은 값싼 즉석식품의 대량 유통과 소비, 냉동 선박과 비행기를 이용한 식재료의 장거리 이동 등을 가능하게 하여, 약 40여 년 전부터 세계화가 가속화하는 데 중요한 한 축이 되어왔음을 알 수 있다.

냉장·냉동 기술로 인해 신선 식품의 가격이 낮아졌을 뿐만 아니라 육류 공급과 소비가 대폭 확대되었다. 과거에는 신선 식품은 쉽게 부패하기 때문에 식품 제조와 소비에 한계가 있었으나, 콜드체인의 확립과 함께 특정 식재료의 공급과 소비에 제약이 거의 없어졌다. 특히 닭고기, 소고기, 돼지고기 등의 육류와 생선은 대량 사육과 양식, 그리고 생산단가 인하를 통해 대량 소비가 가능해졌다. 또한 과일과 채소를 비롯해 대부분의 어패류는 제철에만 먹을 수 있었으나 냉장·냉동 기술 덕분에 언제든 섭취할 수 있게 되었다.

공장식 축산업과 콜드체인에 바탕을 둔 가공육 산업도 자연의 제약을 해제하는 데 일조했다. 제2차 세계대전 이후 처음 20~30년간은 선진국에서, 그다음에는 개발도상국에서 육류 소비가 급증했다. 이에 따라 많은 나라에서 과잉 영양, 비만 현상, 의료비 급증이 사회문제로 등장했다. 사람들이 입맛 당기는 특정 식재료를 언제든 포식할 수 있게 됨으로써 인류의 건강에 큰 변화가 생긴 것이다. 또한 참치, 크릴새우, 상어 등 소비량이 많은 생물종이 남획되어 해양생물자원이 고갈되고, 축산업으로 인한 기후 변화가 큰 문제로 대두되고 있다. 축산업이 이산화탄소에 이어 기후 변화 유발물질 2위인 메탄가스 배출과 사료 공급용 농장을 위한 산림 파괴의 주범이라는 사실은 널리 알려져 있다.

인류의 입맛에 내장된 고기에 대한 오랜 선호는 콜드체인과 가공육 산업을 만남으로써 고기 탐식 광풍을 몰고 왔다. 기후 위기와 환경문제에 민감한 서유럽에서는 육류 소비가 주춤하고 있지만, 지금도 1인당 국민소득이 대략 1만~2만 달러인 나라들에서는 육류 소비량이 급증하고 있다. 원양어선단과 냉동 컨테이너 선박이 이런 남획과 육식의 향연을 부채질해왔다. 이들 수송 수단 또한 기후 변화와 해양오염의 원인이기도 하다.

육류 소비와 비만의 상관관계는 세계에서 1인당 육류 소비량이 가장 많은 미국에서 극명하게 드러난다. OECD와 FAO(UN식량농업기구)의 농업 아웃룩 2020년판에 따르면, 34개 회원국 가운데 2019년 기준으로 1인당 육류 섭취가 가장 많은 나라는 미국으로 연간 100.8킬로그램에 달했다. 또한 비영리재단인 '유나이티드헬스파운데이션UHF'이 공개한 2018 연례 보고서를 보면, 미국 성인의 비만율은 사상 최고인 31.32퍼센트를 기록했다. 이에 따라 미국인의 기대수명은 오히려 낮아지고 있다. 2014년 미국에서 태어난 사람의 평균 기대수명은 79세였지만, 2016년 출생자의 기대수명은 78.5세이다.

한국의 연간 1인당 육류 소비량도 소득 증가와 더불어 꾸준히 늘어나 1980년 11.3킬로그램에서 2019년에는 62킬로그램을 기록했다. OECD 국가 평균인 63.5킬로그램보다는 적었지만, 이웃한 중국(45.7킬로그램)과 일본(41.6킬로그램)보다는 많았다. 일본(84.2세, 2017년 기준)과 우리나라(82.7세)의 기대수명이 OECD 국가 평균(80.7세)보다 높은 편임을 감안하면(보건복지부, 2019년 7월) 육류 소비를 줄이는 것이 건강과 수명 연장에 도움이 된다고 볼 수 있다.

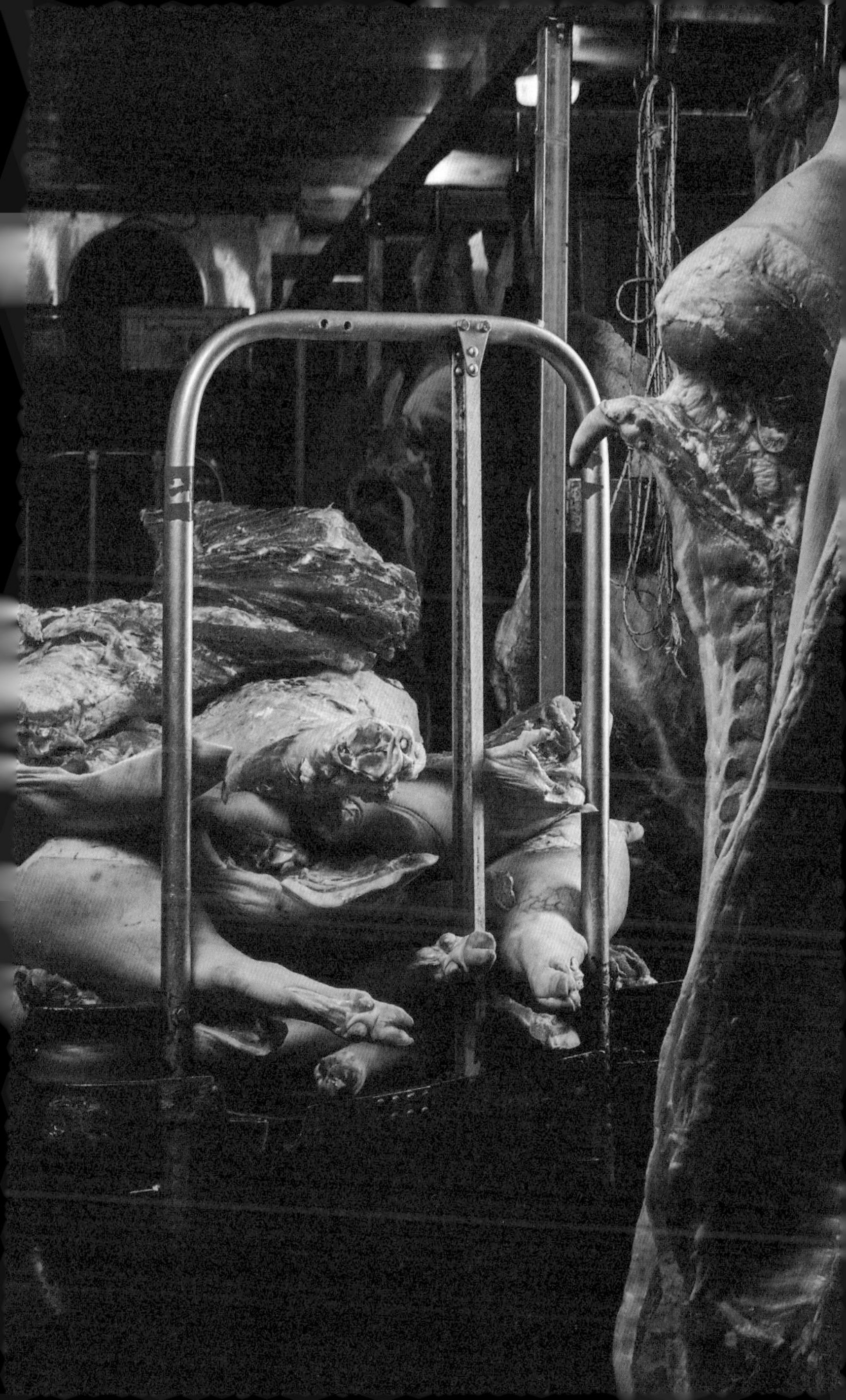

편의성 추구가 낳은 극한의 노동

냉장·냉동 기술에 기반을 둔 콜드체인은 과도한 육류 소비를 낳음으로써 비만과 의료비를 증가시키고 기후 위기를 가중시킬 뿐만 아니라 극저온의 작업 환경, 장기간 선박 생활을 해야 하는 원양어업 등 위험한 작업 환경과 노동자 인권 문제를 야기한다. 2020년 4월, 중국의 참치잡이 배에 타고 있던 선원 4명이 억울한 죽음을 당한 사실이 뒤늦게 알려졌다. 이 배는 참치보다 상어를 주로 잡았는데, 노동자들은 하루 평균 18시간의 노동을 했고 13개월간 육지를 밟지 못했다. 이들은 형편없는 수준의 임금을 받았고, 원인 모를 병으로 사망한 선원들은 바다에 수장되었다.

우리나라는 대도시 인구집중도가 높고 도시민 대부분이 아파트에 살고 있어 배달업이 발달했다. 그중에서도 최근 들어 냉장·냉동식품 배송업과 모바일 앱을 이용한 음식 배달업이 급성장하는 추세다. 그러다 보니 경쟁도 치열해서 샛별배송(새벽배송), 바로배송, 당일배송, 퀵배송 등을 비롯해 30분 배송까지 등장하며 일종의 과잉 서비스 경쟁이 벌어지고 있다. 2018년 한 업체가 시작한 새벽배송은 이제 거의 모든 유통업체가 제공하는 인기 서비스로 떠올랐다. '로켓프레시' 배송은 그 이름이 시사하듯 신선 식품, 냉장·냉동식품이 주요 품목이다.

배송을 담당하는 이들은 대부분 하청업체 소속이거나 지입차주로 낮이건 밤이건 따로 식사시간을 갖기도 어렵다. 이들은 종종 밤샘 운전을 하거나 배송 시간을 지키려고 과속 운전을 감행하며, 불면증과 알코올의존증 등에 시달리기도 한다. 교통량이 많은 낮 시간대에 주로 활동하는 오토바이 배송 기사들은 사고 위험에 노출되어 있다. 코로나19로 인해 택배 물량이 급증한 가운데 한 배송 노동자가 2020년 3월 작업 현장에서 사망한 일도 있었다. 동료들은 주문이 늘어나 배송 노동자들에게 일이 과도하게 배당된 탓이라고 말한다.

택배업이나 음식 배달업은 많은 업체들이 경쟁하는 레드오션 업종이다. 물류 혁신이라기보다는 저임금 노동자를 열악한 조건하에 더 집중적으로, 더 신속하게 투입하는 것에 불과하다. 이른바 '바닥을 향한 경쟁'이 일어나고 있는 대표적인 업종으로 노동자에게 일방적인 희생을 강요하는 형태다.

/ 임항

참고 자료

「하루 18시간 노동… 죽은 선원은 바다에 '수장'」, 《오마이뉴스》, 2020년 5월 6일

MILLENNIALS

06

편의점 — '꿀알바'인 줄 알았는데…

ON AIR 20191106

12,800
super mix

한국인의 첫 직장 그리고 마지막 직장

편의점을 찾는 고객은 하루 평균 362명, 4분에 1명꼴(한국편의점산업협회, 2015). 혼자서 일하는 편의점 아르바이트생은 손님이 언제 올지 몰라 제때 밥을 먹기도 어렵고, 화장실에 가는 것조차 눈치작전이 필요하다.

편의점 아르바이트생이 물건을 진열하고 바코드를 찍어 판매만 하던 시대는 가고, 이제는 호빵과 군고구마 찌기, 피자와 빵 굽기, 치킨 튀기기, 커피머신 관리, 교통카드와 문화상품권 판매, 은행 ATM 서비스, 복권 판매와 당첨금 배부, 야외 테이블 관리, 택배 수령과 배송 관리, 세탁물 접수,

세금 납부 대행, 휴대전화 충전 등 편의점에서 제공하는 모든 서비스를 관리하는 역할을 해야 한다.
편의점 아르바이트생은 대부분 생활비, 학비 등을 벌기 위해 일한다. 그러나 이들은 임금 체불, 손님과 점주의 폭언과 폭행으로 어려움을 겪기도 한다.

오늘날 편의점은 라이프 플랫폼, 편스토랑(식당), 민간이 운영하는 사회적 인프라 등 여러 가지 기능과 이미지로 우리 생활 깊숙이 영역을 확장하고 있다.
하지만 한편으로는 최저임금, 대기업의 불공정 행위 등으로 경제적, 사회적 이슈의 중심에 있다. 편의점의 대표적인 특성과 기능 일곱 가지를 살펴보자.

1) 만물상이자 지니의 램프

다품종 소량의 온갖 물건을 판매하고 있으며, 최근 들어 점차 서비스 영역을 확대하고 있다. 분식점(호빵, 군고구마, 치킨 등을 조리하여 판매), 카페, 은행 ATM 서비스, 택배 업무, 휴대전화 충전, 간이 테이블 제공 등은 대부분 잘 알고 있는 기능이다.
최근에는 세탁물 접수, 세금 납부 대행, 전기자동차 충전, 카셰어링, 여성안심지킴이 서비스를 제공하기 시작했다.

2) 24시간 영업

24시간 문을 여는 편의점은 현대인의 생활 리듬을 바꾸었다. 소비자가 언제든 일상적 욕구를 해결할 수 있게 되었다는 특징 이면에는 심야 근무, 24시간 노동 체제가 존재한다. 일과 놀이, 휴식에서 모두 24시간 사회로 진입한 셈이다.

3) 은퇴한 직장인의 자영업 아이템

전국에 편의점 점포수가 2017년 기준으로 3만 9,683개로 도소매 서비스업체 중 단연 1위였다(통계청, 2019 제공). 2위는 치킨집으로 2만 4,654개였다. 그후 국내 편의점 5개 브랜드 점포수는 2018년 3월 말 기준 4만 192개로 4만 점을 돌파했다. 편의점 수는 최근까지 연평균 30퍼센트 안팎으로 급증하다 2020년에 들어서면서 신장세가 주춤하고 있다.

4) 청소년과 주부의 아르바이트 직장

편의점 아르바이트생은 학생과 주부가 대부분이다. 이들은 생활비, 학비를 벌기 위해 편의점에서 일한다.

5) 프랜차이즈 영업 방식

편의점은 대규모 기업 집단이나 외국계 유통업체가 국내 골목 상권을 몰아내고 시장을 확대하는 수단이다. 프랜차이즈 편의점 본사와 가맹점은 소위 '갑을 관계'의 전형을 보여준다.

6) 싱글족에게 '혼밥'과 '혼술'을 제공하는 가사도우미 인프라

편의점은 1인 가구의 확산과 함께 전성시대를 맞고 있다. 1인 가구, 싱글족은 대부분 일과 가사를 병행해야 하는 경우가 많고, 식재료를 구비해 음식을 만들어 먹는 것은 다인 가구에 비해 비효율적이다. 이러한 상황에서 편의점 간편식과 주류 묶음 할인 등이 1인 가구의 생활 패턴에서 합리적인 선택이 되고 있다.

7) 근로기준법의 사각지대

직장으로서 편의점에서는 점주와 '알바'가 갑을 관계에 놓여 있다. 법을 제대로 지키는 경우가 지키지 않는 경우에 비해 훨씬 더 적을 정도로 근로기준법의 사각지대에 있다. 편의점 프랜차이즈 본사는 가맹점 점주에게 인건비와 노동관계법 준수의 부담을 떠넘김으로써 이익을 취한다. 직장에서 은퇴하고 편의점을 개업한 '사장님'과 청년 알바 노동자들이 편의점 프랜차이즈 사업의 성장에 있어 전제조건인 셈이다.

다양한 서비스와 편의성으로 각광받고 있지만 최저임금 아르바이트의 씁쓸한 단면을 보여주는 편의점은 지금도 많은 한국인에게 첫 직장 그리고 마지막 직장이 되고 있다.

365일 24시간
환한 편의점에
없는 것 세 가지
1. 셔터
2. 아르바이트생이
앉을 의자
3. 잠시 앉아 쉴 시간

편의점과 아르바이트 노동자

1989년 편의점이 처음으로 등장하던 시기에는 첨단의 유통업이라는 이미지가 있었다. 환한 조명, 길게 이이진 냉장고, 단정하고 친절한 종업원, 투명 유리 등은 소비자가 지금 무엇인가 고상한 행위를 하고 있는 듯한 분위기를 연출했다. 당시 편의점 주요 입지는 고학력 중산층이 거주하는 대규모 아파트 단지 인근이었다. 하지만 편의점이 도처에 확산하고, 사회 양극화 추세가 심화되면서 편의를 제공하는 쪽도, 이용하는 쪽도 주로 경제적 약자들로 채워지고 있다.

최근 몇 년 사이 편의점 급증과 최저임금 급상승으로 편의점 점주 다수가 도산 위기에 몰리고 있는 것으로 보도되고 있다. 전국편의점가맹점협회에 따르면 4만여 개 점포 중 1만 개의 월평균 순이익은 200~250만 원 수준으로 가맹점주가 생활비를 감당하기도 버거운 상황이다(2018년 7월 기준).

편의점 점주는 매출총이익을 본사에 먼저 송금하고, 대개 35~55퍼센트인 본사 이익배분금이 제외된 나머지 이익금을 다음 달에 받는다. 순이익은 여기서 인건비와 전기료 등을 제한 금액이다. 알바노조 위원장을 지낸 박정훈은 "이는 마치 월급과 같다"면서 매출이 웬만큼 높지 않으면 사장이 직접 일할 수밖에 없기 때문에 "근로기준법의 보호를 받지 못하는, 사장의 얼굴을 한 노동자가 점점 더 늘고 있다"고 말했다.

문재인 대통령의 공약대로 최저임금을 2020년에 1만 원까지 올리면 편의점 점주를 비롯한 자영업자들이 대거 도산할 것이라는 우려가 한동안 언론 주요 면을 장식했다. 그럼에도 문재인 정부 초기인 2018년과 2019년에 최저임금이 각각 16.4퍼센트, 10.9퍼센트씩 대폭 인상되었다. 그러나 거듭되는 여론의 질타에 문재인 대통령은 결국 최저임금 1만 원 공약을 포기했고, 2020년 최저임금은 8,590원(시급)으로 2.87퍼센트 인상되는 데 그쳤다.

알바 청소년들은 최저임금이 대폭 오르기 전에도 이미 최저임금 미만의 시급을 받고 있는 경우가 43.9퍼센트에 달했다(2016년 전·현직 편의점 알바 노동자 368명을 대상으로 한 알바노조의 조사). 또 최저임금 인상 이전에 풀어야 할 더 중요한 문제들이 있다. 임금 체불이 잦고, 근로계약서를 쓰지 않고(55퍼센트), 주휴수당과 퇴직금을 지급하지 않으며, 휴게 시간을 준수하지 않는 등 근로기준법을 위반하는 사례가 부지기수다. 최저임금을 지급하는 경우에도 벌금 등 이런저런 명목의 불법, 탈법적 시급 할인으로 실제로는 최저임금이 안 되는 돈을 지급하기도 한다. 또 편의점 알바생들은

'진상' 손님에게 폭언과 폭행, 성희롱 등을 당할 뿐만 아니라 점주에게도 비슷한 피해를 당하는 사례마저 일어나고 있다. 물론 다른 자영업이나 영세 중소기업, 심지어 대형마트에서도 이런 사례가 적발된다. 하지만 "본사가 편의점 직원에게 직접 책임을 지지 않는 한국의 가맹점 시스템과 점주의 수익을 짓누르는 부당 거래가 합쳐져" 점주들이 근로기준법을 위반하는 행태가 더 빈발하는 것이다(박정훈, 『이것은 왜 직업이 아니란 말인가』 참소).

알바 노동자들이 희망하는 적정 소득은 월평균 176만 원, 주당 근로시간은 35시간, 희망 시급은 평균 9,500원이다(서울시 청년 아르바이트 직업 생태계 실태조사 결과). 주 40시간 근무할 경우 사실 지금 최저임금(2020년 8,530원) 수준으로도 주휴수당까지 합치면 월 희망 소득 수준을 벌 수 있다. 그러나 같은 조사에서 주휴수당을 받았다는 응답은 10퍼센트에 불과하다. 최저임금을 지급하고 체불이 없으면 그나마 괜찮은 편이다.

문제의 핵심은 임금 체불이다. 체불 규모는 2018년 1조 6000억 원으로 사상 최대를 기록한 데 이어 계속 늘고 있다. 일본의 10배 이상이고, 세계에 유례가 없는 규모다. 이 가운데 청년에 대한 체불 임금 규모도 매년 급증하고 있다. 20대 국회 회기 중이었던 2018년 8월 22일 당시 국회 환경노동위원회 신보라 의원이 공개한 노동부 자료에 따르면, 청년 임금 체불 신고액은 2014년 1160억 1200만 원에서 꾸준히 증가해 2017년에는 1393억 9000만 원에 이르렀다. 노동부는 체불 임금 해결을 위해 1,000여 명의 전담 근로감독관으로는 부족해 고용안정센터 직원들까지 동원할 정도로 행정력 부담을 느끼고 있다. 근로감독관조차 일손이 모자라다 보니, 사업주를 고소해도 사법처분 이후에는 민사소송을 하지 않으면 돈을 받지 못하니 합의하라고 종용한다. 심지어 체불 임금의 일부만 받도록 부추기는 경우도 있다.

체불 임금에 대해 한시적으로라도 엄벌이 필요하다는 의견에 대해 체불은 당사자 간의 계약 위반인데 징역형을 남발할 수 없다는 반론도 있다. 검찰은 2017년 초 1억 원 이상의 상습적이고 악의적인 임금 체불이나 임금 체불 금액이 크지 않더라도 재산은닉 등 체불 경위가 불량한 경우에는 구속 수사를 확대하기로 하는 내용의 '체불임금 관련 근로자 보호대책'을 내놓기도 했다.

한국의 편의점과 일본의 편의점

『절망의 나라의 행복한 젊은이들』에 등장하는 일본의 10대 후반에서 20대 중반 '사토리(得道, 깨달음) 세대'는 미래의 희망을 포기함으로써 안분지족을 추구한다. 번듯한 일자리와 결혼을 포기하면 일상의 소소한 행복을 누릴 수 있다는 것이다. 비슷한 시기에 등장한, 한국의 젊은이를 일컫는 'N포 세대'는 자신의 처지에 자족감을 느끼기 어려웠다. 그 차이의 원인 가운데 중요한 요소로 꼽을 수 있는 것이 두 나라 파트타임 근로자의 실질적 임금 격차다. 당시 언론 보도에 따르면 한국과 일본의 아르바이트 시급 격차는 약 1.5배였다. 일본의 알바생은 스스로 모은 돈으로 해외여행을 갈 수 있지만 한국의 알바생은 그럴 수 없다는 것이다.

편의점 왕국 일본의 파트타임 아르바이트 시급이 평균 1,000엔을 넘었다는 보도가 나온 것은 2018년 11월이었다. 당시 도쿄도의 최저임금이 958엔이었고, 우리나라의 최저임금은 7,530원이었다. 양국의 1인당 GDP(국내총생산)를 감안하면 비슷한 수준이라고 할 수 있다. 단, 당시 국내 최저임금은 전년도의 6,470원에 비해 16.4퍼센트나 급증한 수준이었다.

그렇지만 최저임금 금액보다 더 중요한 현실을 놓치면 안 된다. 한국의 최저임금은 편의점 업계에서는 거의 최고임금인 반면 일본에서는 말 그대로 최저임금이다. 《오마이뉴스》의 2018년 7월 18일자 기획 기사 「임금·수수료 더 높은 일본 편의점이 쉽게 망하지 않는 까닭」에 따르면 "도쿄 지역 편의점 직원 구인 웹사이트(Townwork)를 찾아보면 지역에 따라 차이가 나지만 시급 1,000~1,500엔 사이의 급료를 받는다"고 한다. 우리나라 편의점

FamilyMart

은 임금 체불이 많은 데다 알바 노동자가 체불 임금을 전액 받아내는 것은 지극히 어렵다는 점까지 감안하면, 실제로 일본 알바생과의 임금 격차는 드러나는 것보다 더 클 것으로 보인다.

《오마이뉴스》의 앞의 기사에 따르면, 일본에서는 대부분 편의점 본사가 임대료를 부담하기에 수수료율(본사 이익배분)이 한국보다 높다. 또 전기료의 경우 한국의 일반 상업용 전력과 달리 누진제가 적용되기 때문에 한국보다 배나 비싸다. 한국 편의점들은 일본에 비해 절반의 전기요금, 절반 수준의 임금을 지불하면서도 경영난에 시달리고 있는 것이다. 편의점 점주들은 높은 최저임금 때문이라고 하지만, 이런 사정을 보면 근거가 빈약하다.

결국 국내 편의점 업계의 곤경은 주로 본사의 무분별한 점포 확장으로 인한 지나친 경쟁 탓으로 볼 수 있다. 편의점 건너편에 다른 편의점을 흔히 볼 수 있는 나라는 한국뿐이다. 국내 점포는 2018년 3월 기준 4만 점을 돌파했는데, 당시 일본에는 5만 6,000점 정도였다. 인구 차이를 감안하면 한국의 편의점 수는 일본의 2배에 육박한다. 이런 사업 전략의 차이는 리스크 분담을 어떻게 하느냐 하는 차이에서 비롯된다. 일본 세븐일레븐과 패밀리마트 본사는 편의점 연간 총수입이 최소한 2000만 엔은 되도록 보장해준다. 점주들은 여기서 전기료, 인건비 등을 제외한 돈을 최소 수익으로 확보한다. 따라서 본사는 일정 매출 수준을 유지할 수 없다고 판단되는 곳에는 함부로 새 점포를 내지 않는다. 본사와 점주가 공동으로 위험부담을 떠안는 방식이다. 반면 한국 편의점 본사는 신규 점포에 대해서만 기간 한정으로 최소 수입을 보장해준다. 이는 본사가 총매출 확대만을 염두에 두고 무모한 창업을 유도하는 미끼에 불과한 셈이다.

일본은 편의점 본사와의 계약 기간이 15년이지만, 우리나라의 계약 갱신 기한은 2~5년에 불과하다. 일본에서는 편의점 운영 계약도 일종의 고용 관계로 받아들이는 흐름이 있다. 실제로 세븐일레븐 가맹점 점주들이 2009년 노동조합을 결성하고 24시간 영업 등의 계약 조건 변경과 수수료 인하를 주장하는 단체교섭을 신청해, 본사가 단체교섭에 응해야 한다는 노동위원회의 명령을 3년 만에 이끌어내기도 했다.

/ 임항

참고 자료

박정훈, 『이것은 왜 직업이 아니란 말인가』, 빨간소금, 2019 | 후루이치 노리토시, 『절망의 나라의 행복한 젊은이들』, 이언숙 옮김, 민음사, 2014 | 「최저임금 2.9% 인상여파 보니… "편의점 매출 안 늘면 점주 못 버텨"」, 《머니투데이》, 2019년 7월 14일 | 최성록, 「임금·수수료 더 높은 일본 편의점이 쉽게 망하지 않는 까닭」, 《오마이뉴스》, 2018년 7월 18일 | 이강국, 「일본 편의점, 한국 편의점」, 《한겨레신문》, 2018년 7월 16일

MILLENNIALS

07

잘 다녀오겠습니다

ON AIR 20191015

"일반 회사의 작업장이라면
산업안전보건법이 적용되어
행정적 조치가 이루어지겠지만,
학교 안에서의 실습은
이 법도 적용되지 않는다."

— 한인임(노동환경건강연구소 연구원)

왜 현장실습을 하다 죽어야 합니까?

"잘 다녀오겠습니다."
2017년 어느 날, 제주도의 한 특성화 고교에 다니던 이민호 군은 평소와 다름없이 부모님에게 인사를 하고 현장실습을 갔다. 그러나 이민호 군은 다시 집에 돌아오지 못했다.

공업고등학교 학생들은 일주일에 6시간(고2 기준)씩 실습실에서 산업 현장과 같은 작업을 한다. 금속 성분의 가스인 흄Fume, 벤젠, 분진과 미스트가 발생하는 환경에서 실습을 하지만 환기시설이나 마스크, 장갑, 보안경 등 안전장비가 제대로 갖추어져 있는 경우는 많지 않다.

오늘도 노동자 가운데 5~6명이 영원히 가족 품에 돌아오지 못한다. 노동부와 근로복지공단에 따르면 2001년부터 2018년까지 산재 사망자는 4만 2,359명으로 연평균 2,400여 명이다. 2000년대 초 하루 평균 7명이던 때에 비하면 하루 평균 5명 남짓 수준으로 조금 줄었지만, 여전히 OECD 국가 가운데 거의 부동의 1위다.
'산재 왕국'에서 직업훈련을 받다 죽음을 맞은 특성화고 학생들은 위험 사회의 최전선이자 가장 말단에 있다.

진천의 식품가공업체 기숙사에서 숨진 고 김동준(2013년), 외식 업체 실습 중 자살한 고 김동균(2015년), 제주도 생수 회사에서 지게차를 운전했던 고 이민호(2017년). 이들 현장실습생의 부모들은 공통적으로 말한다. "햇빛을 보는 게 미안해서 커튼을 닫고 산다"고. 모두가 현장실습제도의 부당함을 알고 있으면서도 자기 아들, 자기 딸이 죽은 게 아니면 "어쩔 수 없는 일"로 치부한다고 한다. 죽음의 원인을 제공한 기업에 대한 문제 제기를 하면 학교 관계자, 교육청, 고용노동부, 다른 학부모들은 물론 심지어 친척들까지도 "이제 그만두라"고 말한다. 그런 시선에 유가족은 두 번 무너진다.

현장실습생은 대다수가 전공과 무관한 기업에 배치된다. 현장실습생을 원하는 기업은 대부분 소기업이며 한계기업들이다(전국교직원노동조합이 취합한 '2015년 경기도 현장실습 현황'에 따르면 실습 사업장 규모별로 10인 이상 50인 미만 사업장이 44.1퍼센트로 가장 많았다). 한 르포작가는 현장실습의 공통점을 다음과 같이 적시했다. "사회 초년생으로서 초반 적응 시스템이 없이 현상에 투입되었다는 것, 기본적인 노동조건이 지켜지지 않았다는 것, 모두가 꺼려하는 일이 조직의 최약자인 그들에게 할당되었다는 것, 학교에서도 일터에서도 가정에서도 자신의 고통을 공적으로 문제 삼는 법을 배우지 못했다는 것"이다.

"마스크를 지급하라, 환풍기를 설치하라!"
"왜 현장실습을 하다 죽어야 합니까?"
특성화고 현장실습생들은 2019년 7월 직접 설문지를 만들고 답변을 모아 그 내용을 알리는 기자회견을 열었다.

"학교에서 안전하게 기술을 익히고 안전에 대한 기준을 배워야 취업 후 자신이 위험한지 아닌지를 판단할 수 있지 않을까요?"
— 사단법인 특성화고등학생 권리연합회

민호야!
잊지 않겠습니다.
번째 생일을
축하해
꼭! 기억
하겠습니다.
현장실습
폐지를 위해
행동 하겠습
니다!

지난날의 현장실습,
그리고 더 나은 내일을 위한 한 걸음

현장실습 제도는 박정희 시대인 1963년 산업교육진흥법에 의해 정식으로 도입되었다. 박정희 대통령은 중화학공업 육성을 뒷받침하기 위해 1970년대 들어 기능공 양성에 역점을 두고 공업고등학교를 늘렸다. 1980~1990년대 초의 고도 성장기에는 공고, 상고 출신으로 기술만 있으면 먹고사는 데 지장이 없었다. 그러나 1997년 외환위기 이후로는 판도가 달라졌다. 기업들의 노동 유연화에 따라 직업계 고등학교 졸업자들이 비정규직 신분으로 대거 전락한 것이다.

그사이에 김영삼 정부는 직업교육의 중심축을 중등교육 단계에서 고등교육 단계로 이동시켰다. 당시 대학 설립 준칙주의와 대입 정원 자율화로 촉발된 학력 인플레이션의 연장선이었다. 김대중 정부도 이런 직업교육 정책의 큰 틀을 이어갔다. 즉 전문계고를 특성화고로 확대 지정하고, 특성화고·전문대학 간의 연계 교육과정을 확대 운영했으며, 전문계고 졸업생의 대학 진학 기회를 확대했다. 이후 명품 특성화고(노무현 정부), 마이스터고(이명박

정부), 산학일체형 도제학교(박근혜 정부) 등으로 작명과 개명을 거듭했지만, 대학 진학률 상승과 더불어 직업계 고교 전반의 상대적 지위는 하락했다. 다만 마이스터고와 도제학교는 직업계 고교 간 서열화 정책의 산물로 각종 우대정책의 대상이었다. 특히 마이스터고는 한때 공기업, 대기업 취업률을 높이면서 한껏 주가를 높였으나 정권이 바뀌면서 기업들의 채용 특혜도 줄어들었다. 어떤 제도도 학력에 기반한 임금 격차를 해소하지는 못했다.

1997년 12월 교육부는 제7차 고교 교육과정 편성 운영지침을 통해 직업계 고교 최종 학년의 전문교과학습을 현장실습으로 대체할 수 있도록 현장실습을 더욱 독려하는 정책을 발표했다. 『열여덟, 일터로 나가다』을 쓴 허환주 기자는 "무엇보다 가장 큰 문제는 산업 현장에서 학생들에게 교육환경을 제공해줄 준비가 전혀 되어 있지 않았다는 것"이라며 "이런 조건은 60년이 지난 지금도 마찬가지다"라고 말한다.

인문계 고교가 1970년대 중반에 평준화되고 20여 년 후 다시 서열화되었듯이 직업계 고교도 특성화고, 도제학교 등이 탄생하면서 학교 서열이 생겼다. 직업계 고교 안에서도 특별반이 학생들의 서열을 가린다.

"우리부터 바꿔야 돼. 나부터, 나부터요. 최저생계비를 어떻게든 해주면 비슷비슷한 세상이 오지 않을까 싶어요. 그런데 사

우수기술연구센터(ATC) 사업 성과교류회 및
마이스터고·특성화고 채용박람회
우수기업연구소육성(ATC+) 사업 설명회

채용공고게시판

람들이 그걸 싫어하는 것 같아요. 내가 남보다 더 나아야 하고 내 발밑에 놓고 잘근잘근 밟아주고 싶어 하잖아요. (…) 학교에서 인권교육, 노동교육을 더 시켜야 돼요."

— 고 김동준 군의 어머니 강석경(『알지 못하는 아이의 죽음』 중에서)

직업계 고교에서나 일반계(인문계) 고교에서나 노동교육이 체계적으로 이루어지지 않고 있다. 그나마 근년에는 직업계 고교 학생들을 대상으로 노동인권교육을 실시하고 있지만, 1년에 한 번, 그것도 한두 시간에 불과해 학생들은 다 잊어버린다고 말한다. 2014년 한국청소년정책연구원의 조사 결과에 따르면, 학교에서 노동인권에 대해 설명을 듣거나 교육받은 적이 있다고 응답한 중·고교생은 전체 조사 대상 3,906명 가운데 16퍼센트에 불과했다. 청소년과 아르바이트 노동자들은 〈미생〉, 〈송곳〉 같은 웹툰이나 드라마를 통해 노동관계법을 익히게 된다. 〈송곳〉에는 노무사 구고신이 나이 든 노동자에게 "이런 건 학교에서 가르쳐야 되는 건데……"라며 한숨을 쉬는 장면이 나온다.

프랑스와 독일에서는 초등학교 때부터 학생들에게 노사 관계를 모의 연습하게 한다. 노동인권교육을 자주 실시하고 있는 장윤호 교사(이천제일고)는 르포작가 은유와의 인터뷰에서 다음과 같이 말했다. "치킨값 1만 원이 비싸다고 느끼다가도 배달을 많이 하는 특성화고 학생이 최저임금을 못 받는다고 생각하면 내가 1만 2,000원에 먹어야 하는 것 아닌가. 나도 노동 착취를 하고 있구나. 싼값에 먹으려고 했으니까 다 같이 착취하고 있었던 거죠. (…) 그래서 우리 사회의 가장 낮은 지점을 채워줘야만 다른 사람들이 같이 좋아지겠구나. 청소년들의 노동환경이 좋아진다면 다른 사람도 좋아지겠구나 싶었어요."

전교조 직업교육위원회 위원장인 김경엽 교사(의정부공고)는 허환주 기자와의 인터뷰에서 교과과정이 오히려 후퇴했다면서 다음과 같이 말한다. "1970년대에 직업계고의 직업교육, 즉 전공과목은 전체 수업의 30퍼센트밖에 차지하지 않았다. 하지만 지금은 전공과목 비중이 60~70퍼센트다. (…) 최신 기술이라고 학교에서 장비를 구입해 가르쳐도 5년이 지나면 과거의 기술과 장비가 된다. 기본 지식과 유연한 사고력을 가진 사람이 살아남는다. 그리고 그런 사람을 길러내는 게 학교의 역할이다. 언제 바뀔지 모르는 기술을 가르치는 게 중요한 게 아니다."

/ 임항

참고 자료

허환주, 『열여덟, 일터로 나가다』, 후마니타스, 2019 | 은유, 『알지 못하는 아이의 죽음』, 돌베개, 2019 | 「죽음으로 시작된 이 가족의 이름은 '다시는'입니다」, 《경향신문》, 2019년 5월 11일 | 「산재 처벌 대상 '사업주'로 명시해야… 기업엔 매출 따라 벌금」, 《연합뉴스》, 2020년 6월 7일 | 「미국-영국, 징벌 손해배상 부과 후 산재사망 절반 줄어」, 《오마이뉴스》, 2019년 1월 11일

MILLENNIALS

08

쉬기 위해
오늘도 일합니다

ON AIR 20190829

work / life

일과 휴식 사이

1년에 한 번뿐인 휴가를 앞두고 마음이 설렌다. 아무 데도 가지 않고 아무것도 하지 않고 마냥 쉬고 싶다. 그러나 휴가 기간에 가족여행을 가기로 했고, 그전에 해야 할 일이 태산이다. 이 일을 다 마쳐야 마음 편히 휴가를 즐길 수 있다.

드디어 휴가가 시작되었다! 하지만 어제까지 밀린 일을 마무리하느라 평소보다 더욱 지쳤다. 가족여행은 즐겁지만 피곤하다. 여행 일정이 빡빡하다. 그래도 지금은 휴가 중이니까 아무 때나 자고 아무 때나 먹어도 된다. 출근하지 않아도 된다. 마구 쉴 것이다. 더욱 격렬하게 쉴 것이다.

휴가가 끝나고 다시 출근할 생각을 하니 가슴이 답답하다. 내 몸은 아직 하얀 모래밭에 있는 것 같은데, 현실은 사무실에서 일하는 중……. 할 일이 다시 산더미다. 분명 쉬었는데 너무 피곤하다. 집중이 안 된다. 휴가 기간 동안 생활 패턴이 바뀌어 일상으로 복귀하기가 힘들다.

휴가에서 돌아온 후 우울, 집중력 감소, 무력감, 피곤, 소화불량이 생기는 현상, 바로 휴가 후유증이다. 휴가 후유증을 극복하기 위해서는 휴식과 충분한 수면, 가벼운 운동이 필요하다. 휴가 후유증을 극복하는 또 다른 방법은 앞으로 다가올 연휴를 체크하는 것이다. 추석 연휴에 연차를 사용하면 일주일 정도 쉴 수 있다는 생각만으로 가슴이 뚫린다.

한국인의 휴가 만족도는 세계 최저 수준이다. 한국인의 노동시간은 2019년 기준 연평균 1,967시간으로 OECD 국가 중 세 번째로 길다. '2020 삶의 질 보고서How's Life? 2020'에서 한국인의 삶의 만족도는 OECD 국가 중 꼴찌를 겨우 면하고 최하위권에 머물렀다.

밀레니얼 세대의 일

1952년 사회학자 칼 만하임Karl Mannheim은 어떤 중요한 역사적 사건에 영향을 받아 특정한 의식·문화·지식을 갖게 되는 동일한 혹은 유사한 인구집단을 '세대Generation'라고 정의했다. 동일한 세대의 사람들은 자신들을 긴밀하게 연결하는 공동의 사건을 경험하며, '우리'라고 할 수 있는 공통적인 정서를 형성한다. 밀레니얼 세대Millenial Generation는 부모 세대가 가정과 조직에 헌신하는 모습을 보면서 어린 시절을 보내고, 1997년 외환위기와 2007년 글로벌 금융위기를 겪으며 성장했다.

밀레니얼 세대는 1991년 미국 인구통계학자 닐 하우Neil Howe와 윌리엄 스트라우스William Strauss의 책 『세대들, 미국 미래의 역사Generations: The History of America's Future』에서 처음 등장했다. 밀레니얼 세대는 1980년대 초부터 2000년대 초에 태어난 세대로, 전 세계 인구의 4분의 1인 18억 명에 달하며, 2020년 이후에는 세계 노동인구의 50퍼센트에 달할 것으로 예측된다. 국내에서는 1490만 명으로, 총인구의 28.8퍼센트를 차지하며 유력한 소비집단이자 조직의 주류로 성장했다.

밀레니얼 세대의 삶에 대한 행동 방식과 가치관은 기성세대와는 다르다. 밀레니얼 세대는 다양한 디지털 기술을 활용하는 능력이 뛰어나다. 미래를 위한 희생보다는 현재를 즐기는 데 집중하고, 건강이나 여가에 투자하며, 일상에서 작은 행복을 추구한다. 밀레니얼 세대는 일과 삶의 균형을 추구하는 세대다. 이들은 여가를 추구하기 위해 시간적 유연성이 보장되는 일을 선호한다. 일이 인생의 전부였던 부모 세대와 달리 삶, 여유, 레저 등 다양한 가치를 추구하는 특징이 있다. 밀레니얼 세대는 자신에게 더욱 가치 있는 일이나 새로운 일에 도전하는 것을 선호한다. 한 직장 내에서의 생존이나 직무 안정성보다는 새로운 일이나 도전적인 일을 원한다. 재미를 추구하며 즐겁게 일하는 것을 통해 개인적인 의미를 찾는다.

밀레니얼 세대는 기존 조직의 도제식 통제 방식에 적응하지 못하고 자신의 만족을 위해 새로운 기회를 찾아 떠나고 있다. 이들은 매번 새롭게 갱신되는 최악의 취업난을 뚫고 어렵게 취직에 성공한 후, 입사한 지 얼마 지나지 않아 퇴사하기도 한다.

2020년 3월 구인구직 매칭 플랫폼 '사람인'이 1년간 신입사원을 채용한 기업 356개 사를 대상으로 '신입사원 조기 퇴사' 조사를 실시한 결과 64.6퍼센트가 조기 퇴사한 직원이 있는 것으로 나타났다. 응답 기업의 80.9퍼센트는 과거 세대에 비해 밀레니얼 세대의 조기 퇴사 비율이 높다고 밝혔다. 2016년 한국경영자총협회 자료에 따르면 1년 내 퇴사자의 퇴직 사유에서 '조직 및 직무 실패'가 49.1퍼센트로 20.1퍼센트로 집계된 '급여 및 복리후생'보다 높았다.

밀레니얼 세대는 일이 자신에게 어떤 의미가 있는지, 자신이 수행하는 업무가 자기계발에 도움이 되는지 고민한다. 자신의 일이 타인과 사회에 긍정적인 영향을 주며 공공선에 기여하는지에 대해 묻는다. 켈리 글로벌 산업인력지표KGWI에 의하면 밀레니얼 세대 중 51퍼센트는 '의미 있고 가치 있는 일'이라면 급여가 줄거나 직위가 낮아져도 받아들일 준비가 되어 있다고 응답했다.

법정근로시간의 변화

법정근로시간이란 법에서 정한 근로시간이다. 법정근로시간은 근로자의 연령과 작업의 성질에 따라 신체와 정신상의 긴장과 노동력의 과도한 소모로부터 근로자를 보호하고 그들의 문화생활을 확보하기 위해 마련되었다.

1886년 5월 1일 제1차 인터내셔널 대회에서 노동운동의 강령으로 8시간 근로제가 채택되었다. 근로시간 단축은 장시간 근로로 고통받아온 근로자 및 노동조합에게 가장 중요한 관심사였다. 국제노동기구ILO가 1919년 10월 29일 워싱턴에서 소집한 회의에서 체결한 제1호 협약은 '공업 부문 사업장에서 근로시간을 1일 8시간, 1주 48시간으로 제한하는 협약'이었다. 노동보호법상 근로시간 규제는 근로자의 생존권 보장을 기본이념으로 한다. 근로시간을 규제하는 이유는 장시간 근로로 인한 비인간적 노동 환경에서 근로자를 보호하고, 근로자의 건강을 지키고, 여가시간을 확보하여 근로자의 인간다운 생활을 실현하기 위해서다.

우리나라에서는 1953년 5월 10일 근로기준법이 최초로 제정되어 공포되었다. 당시 근로기준법 제42조는 "근로시간은 휴게시간을 제하고 1일에 8시간, 1주일에 48시간을 기준으로 한다. 단, 당사자의 합의에 의하여 1주일에 60시간을 한도로 근로할 수 있다"고 명시했다.

1980년 12월 31일 제3차 개정된 근로기준법이 공포되었다. 근로기준법 제42조에서 "근로시간은 휴게시간을 제하고 1일에 8시간, 1주일에 48시간을 기준으로 한다. 다만, 당사자 간의 합의에 의하여 1주일에 12시간 한도로 연장근로할 수 있다"고 했다.

1987년 11월 28일 제7차 개정된 근로기준법에서는 주 48시간의 기준을 '초과할 수 없음'을 규정하여 노동자의 장시간 중노동

이 일은 나에게
어떤 의미가 있을까?
지금 내가
수행하는 업무가
나에게
도움이 될까?

을 방지하고자 했다. 1989년 3월 29일 8차 개정된 근로기준법에서는 법정근로시간이 44시간으로 단축되었다. 주 48시간 시대가 끝나고 주 44시간으로 실근로시간이 감소하는 효과를 가져왔다.

1997년 3월 13일 근로기준법이 새로 제정된 이후 2003년 9월 15일 5차 개정된 근로기준법이 공포되었다. 근로기준법 제42조 1항 "1주간의 근로시간은 휴게시간을 제하고 40시간을 초과할 수 없다", 2항 "1일의 근로시간은 휴게시간을 제하고 8시간을 초과할 수 없다"라고 명시했다. 근로기준법 52조에서 "당사자 간의 합의가 있는 경우에는 1주간에 12시간을 한도로 제49조의 근로시간을 연장할 수 있다"고 밝혔다.

2004년 7월 1일부터 주 5일 근무제가 시행되었다. 법정근로시간이 주 40시간으로 단축되었으나, 소규모 사업장에는 관련 규정이 적용되지 않고 특례 업종이 광범위하여 장시간 노동의 관행이 개선되기 어려웠다. 기본 40시간과 연장근로 12시간, 토·일요일에 16시간을 일해 1주 최대 68시간 근로가 가능했다.

2018년 3월 20일 제28차 개정된 개정된 근로기준법 제50조 근로시간 조항은 다음과 같다.

제1항: 1주간의 근로시간은 휴게시간을 제외하고 40시간을 초과할 수 없다. 제2항: 1일의 근로시간은 휴게시간을 제외하고 8시간을 초과할 수 없다. 연장 근로를 제한한 제53조 1항, 당사자 간의 합의에 의해 1주간 12시간을 한도로 제50조의 근로시간을

연장할 수 있다.

이와 같이 법정근로시간 주 40시간, 휴일 포함 최대 근로시간을 주 52시간으로 제한했다.

/ 김은경

참고 자료

함춘호·김성훈, 「대기업 사무직 근로자의 조직몰입과 이직의도에 영향을 미치는 직무만족 요인: 밀레니얼 세대의 특성을 중심으로」, 《대한경영학회지》 Vol.36 No.3, 2019 | 장진석, 「밀레니얼 세대의 일의 의미가 적응수행에 미치는 영향과 일과 삶의 균형의 조절효과」, 중앙대학교 글로벌 인적자원개발대학원 석사학위논문 | 「기업 81%, "밀레니얼 세대 조기 퇴사 비율 높다"」, 베리스타알파, 2020년 3월 5일 | 전종우, 「밀레니얼 세대와 기성세대의 문화적 차이」, 《광고학연구》 Vol.31 No.4, 2020 | 이승현, 「근로시간개념과 구성체계에 관한 연구」, 고려대학교 법학과 대학원 석사학위논문, 2008 | 「1953년부터 2018년까지의 근로시간 변화: <근로기준법> 개정을 중심으로」, 국회기록보존소, 2018

MILLE

PART

2

급변하는 시대, 경제 사고의 전환

상자 밖에서 생각하라 | 어느 기업가의 행복 찾기 | 인간을 위한 기술혁명 | 아주 간단한 이야기 | 아직도 육즙을 찾으세요?

MILLENNIALS

09

상자 밖에서 생각하라

ON AIR 20170511

THINK OUTSIDE THE BOX

끊임없이 미래를 상상한 사람

앨빈 토플러Alvin Toffler, 1928~2016, 그는 학교라는 상자 밖으로 나왔을 때 밀려오는 대량생산체제와 산업혁명의 현장을 직접 체험해보고 싶었다. 용접공으로 일하면서 노동자들이 사무직 근로자보다 지능이 떨어지지 않는다는 점을 깨닫고 충격을 받는다. 그리고 5년 후 한 경제 전문지의 노동전문기자로 취업한다. 기자로서 문화, 경제, 경영, 기술 등의 분야를 접하며 다양한 경험의 상자들을 만들어가던 그는 1962년 새로운 상자인 '컴퓨터'가 사회와 조직에 미치는 영향에 대한 보고서를 써달라고 요청받는다.

그는 컴퓨터 업계 사람들과 인공지능 전문가들을 만나면서 첨단산업의 전망에 대해 연구하여 1970년 『미래의 충격』을 썼다. 이 책에서 그는 "미래에는 기술적·사회적 변화 속도가 점차 가속화됨으로써 개인과 집단의 적응이 어려워질 것이다"라고 밝힌다. 뒤이어 1980년 재택근무와 전자정보화 가정 등을 최초로 언급한 『제3의 물결』, 1990년 정보혁명을 30년 먼저 내다보고 새로운 권력 구조를 예상한 『권력 이동』에 이르기까지 앨빈 토플러는 끊임없이 미래를 상상했다.

그리고 2006년 그가 바라본 또 하나의 상자, 『부의 미래』에서 "미래에는 시간, 공간, 지식이 부를 창출하는 근본 요소가 될 것"이라고 말한다. "특히 시간과 인간의 관계가 변화하면서 인간의 삶은 엄청나게 달라지고 변화 속도는 더 빨라질 것"이라고 예견했다. 멈출 수 없는 열차처럼 더욱 가속화하는 사회, 그 안의 각기 다른 속도.

"기업은 시속 100마일로 달리는데 정부는 25마일, 정치조직은 3마일, 법률은 1마일로 변화하므로 그 편차가 경제 사회 발전을 저해한다."

3D 프린팅, 간편결제 시스템, 무인 자동차 등 새로운 기술이 등장하고 있지만 우리 정부의 낡은 규제는 발전 속도를 따라가지 못하고 있다. 누구도 알 수 없는 상자 밖 세상. 앨빈 토플러는 말한다.

"우리 사회의 많은 문제들은 법, 정치, 경제, 문화 구조 등을 함께 바꿔야 해결할 수 있다. 그렇기 때문에 다양한 사람들과 연대해 미래를 상상하고 이에 걸맞은 대안을 내놓아야 한다."

변화는 단지 삶에 필요한 것이 아니라 삶 그 자체이기에.

누구도 알 수 없는
상자 밖 세상.

미래에는
시간, 공간, 지식이
부를 창출하는
근본 요소가
될 것이다.

상자 밖에서 미래를 바라본 앨빈 토플러

저명한 미래학자이자 세계적인 베스트셀러 작가인 앨빈 토플러는 미래를 꿰뚫는 통찰력을 담은 저서로 미래 사회의 변화 방향을 제시했다. 뉴욕대학교에서 영문학을 전공한 그는 1950년 클리블랜드의 제너럴모터스GM 공장에 알루미늄 용접공으로 취업한다. 그는 이곳에서 산업 현장을 직접 체험하며 5년간 근무했으며, 부인 하이디 토플러도 같은 공장의 노동조합 간사로 근무했다. 용접공으로 일하며 노동조합 관련 잡지에 글을 기고한 경험을 토대로 노조의 지원을 받는 신문에서 일하게 되었으며,《펜실베이니아 데일리》지의 워싱턴 지국에서 미국 의회와 백악관 출입 기자로 3년간 일하기도 했다. 이후 경제전문지《포천Fortune》의 노동관계 칼럼니스트로 일하며 노동과 문화 관련 글을 썼고, 코넬대학교에서 객원교수를 역임하기도 했다.《포천》을 떠나 IBM사의 의뢰로 사회와 조직이 컴퓨터로부터 어떻게 영향을 받는지에 대해 논문을 쓰면서 컴퓨터 업계의 전설적인 대가들, 인공지능 전문가들과 교류하게 된다. 제록스와 AT&T도 그에게 전략상 자문을 의뢰하기도 하는데, 이러한 활동은 이후 발전하는 통신기술에 대한 연구로 이어졌다.

무명 저널리스트였던 토플러는 『미래의 충격』, 『제3의 물결』, 『권력 이동』, 이 세 권의 책으로 현대사회에 대한 날카로운 통찰력을 인정받고 미래학자로서 지위를 확고히 다졌다. 1970년에 출간된 『미래의 충격』은 급속한 변화가 인간과 조직체에 미치는 영향에 대해 말하는 책으로, 지금까지 영속적이라고 생각했던 것이 종말을 고하고 일시성, 새로움, 다양성의 시대가 닥친다고 예견했다. 뒤이어 1980년 대표작 『제3의 물결』을 내놓으며 정보혁명을 예고했다. 그는 이 저서에서 제1의 물결(농경시대), 제2의 물결(산업화 시대)에 이어 제3의 물결(지식정보 시대)이 도래할 것이라고 제시했다. 1991년에 쓴 『권력 이동』에서는 '폭력'을 저품질 권력, '부'를 중품질 권력, '지식'을 고품질 권력으로 분류해, 권력 투쟁의 핵심은 지식의 장악이며 지식을 진정한 권력의 수단으로 보았다. 세계의 권력구조가 붕괴되고 있는 가운데 새로운 지식 네트워크를 지배하는 자가 미래를 결정할 것이라고 내다봤다.

이후 15년 만에 내놓은 『부의 미래』는 공업 경제가 지식 기반 경제로 전환함에 따라, 부의 창출 방식과 더불어 사회시스템이 혁명적으로 변할 것이라고 예언했다. 부의 창출 시스템은 정치-사회-문화를 포괄하는 사회시스템과 상호작용하기 때문에 적합한 사회시스템을 발전시키는 경향이 있다는 것이다. 그러나 부의 창출 시스템과 사회시스템이 동시에 발전하는 것이 아니어서, 기업은 시속 100마일로 달리는데 정부는 25마일, 정치조직은 3마일, 법은 1마일로 변화하므로 그 편차가 경제와 사회의 발전을 저해한다는 것이다. 그는 한국에 대해 "한 세대 안에 1, 2, 3의 물결을 모두 달성한 나라는 한국이 유일하다"면서도 "기술 변화에 사회제도가 따라가지 못하고 있다"고 우려를 표하기도 했다.

그는 한국과도 인연이 깊다. 김대중 전 대통령은 대통령 재직 당시인 1998년 4월과 2001년 6월 두 차례 그를 만나 조언을 구했다. 그는 김대중 전 대통령에게 사이버 인프라 구축, 지식 기반 경제로의 전환, 생명공학 투자 등을 권했으며, 2001년 '21세기 한국비전 보고서'를 통해 한국이 IMF 외환위기를 겪은 이유는 산업시대의 경제 발전 모델이 변화한 지식 기반 사회에 더 이상 맞지 않는 시스템이었기 때문이라며 혁신적인 지식 기반 경제를 만들 것을 제안했다. 이를 위해 한국은 지식경제체제로 전환을 가속화해야 하며 시민사회, 교육, 노동, 정부 부문의 개혁이 시급하다고 강조했다. 그는 타계했지만 그가 세상에 던진 뼈 있는 조언은 여전히 울림을 주고 있다.

기술 진보와 규제의 격차

1865년 영국은 당시 새로 발명된 증기자동차가 마차 끄는 말을 놀래지 않게 하기 위해 '붉은 깃발법The Locomotives on Highways Act'을 시행했다. 이 법에 따라 자동차는 당시 시속 30킬로미터 이상으로 달릴 수 있었지만 시속 6.4킬로미터로(시내에서는 시속 3.2킬로미터), 그것도 붉은 깃발을 흔들며 마차 뒤에서 달려야만 했다. 증기자동차 운행으로 손님을 빼앗긴 마차 업자들을 보호하기 위해 만든 이 법은 1896년에야 폐지되었으며, 이로 인해 세계 최초로 자동차를 상용화했음에도 영국의 자동차 산업은 외국보다 경쟁력에서 뒤처졌다는 견해가 지배적이다.

시대착오적인 규제 때문에 혁신에 실패하는 사례는 오늘날에도 비일비재하다. '타다'로 대표되는 차량 공유 서비스는 소비자들의 호응에도 불구하고 택시 업계의 반발에 부딪혀 결국 사라졌다. 2013년 우리나라에서 서비스를 시작한 우버가 검찰의 기소로 2015년 3월 사업을 종료했고, 2018년 12월 시범 실시되었던 카카오의 카풀 서비스도 2019년 1월에 서비스를 중단했다. 2020년 3월 6일에는 일명 '타다 금지법'으로 불리는 여객자동차

운수사업법 개정안이 국회 본회의를 통과하면서 타다 역시 기존 방식으로 사업을 지속하다가는 불법을 행할 신세에 처하면서 베이직 서비스를 중단했다. 미국에서 우버가 2019년 5월 나스닥에 상장해 시가총액 500억 달러가 넘는 기업으로 성장하며 차량 공유 서비스를 넘어 자율주행자동차, 플라잉 택시와 같은 차세대 모빌리티에 집중하는 한 차원 높은 혁신을 꾀하는 것과는 대조적이다.

한국의 스타트업은 때때로 합법과 불법의 경계에 놓인다. 정보통신기술ICT을 바탕으로 건강을 관리하는 헬스케어 산업 역시 세계적으로 성장하고 있지만, 국내에서는 의료 데이터의 유통과 원격진료를 우려하는 의료 당국과 개인정보이용 원칙에 묶여 상용화는커녕 제품 시험조차 원천 봉쇄된 경우가 많다. 전국의 주요 지역은 군사·안보 등의 이유로 드론 비행 금지구역으로 묶여 있고, 금융업은 진입 장벽이 높고 규제 또한 많다. 기존의 법률 체계가 지능정보사회로의 패러다임 변화 속도를 따라가지 못하는 예는 곳곳에서 찾아볼 수 있다. 최근 규제를 피해 불가피하게 해외로 나가는 한국의 스타트업들이 늘고 있다. 혁신 성장의 동력으로 고용 창출 면에서도 중요한 역할을 하는 기업들이 해외로 나가면 국내의 산업생태계뿐만 아니라 인력생태계까지 무너질 것이라고 걱정하는 이들이 많다. 규제 시스템이 민첩하게 작동하지 않으면 우리도 과거 영국의 자동차산업이 뒤처진 것과 같이 돌이킬 수 없는 상황을 맞을 수 있다.

최근 미국과 중국의 기술혁신이 눈에 띄는 가운데, 네거티브 시스템에 가까운 규제를 하고 있다는 점을 두 나라의 공통점으로 들 수 있다. '네거티브 규제'란 어떤 행위를 원칙적으로 전면 허용하되 금지 행위만 예외로 하는 것을 말한다. 반면 한국은 '포지티브 규제' 방식을 택하고 있어 기존 규제를 적용할 수 없는 새로운 사업 모델이 불법으로 규정되는 경우가 많다. 2019년 우리 정부도 신기술과 신산업의 출현이 기존 규제에 의해 가로막히는 문제에 능동적으로 대응하기 위해 '규제 샌드박스'를 도입했다. 규제 샌드박스는 신기술과 신산업 분야에서 새로운 제품, 서비스를 내놓을 때 일정 기간 동안 기존의 규제를 면제 또는 유예시켜주는 제도다. 이 제도는 어린이들이 자유롭게 뛰노는 모래 놀이터처럼 규제가 없는 환경에서 다양한 아이디어를 펼칠 수 있도록 한다고 해서 '샌드박스'라고 부른다. 사업자가 새로운 제품이나 서비스를 제공하고자 할 때 규제 샌드박스 적용을 신청하면 법령을 개정하지 않고도 심사를 거쳐 시범 사업, 임시 허가 등으로 규제를 면제, 유예해준다. 그동안 규제로 인해 출시할 수 없었던 상품을 빠르게 시장에 내놓을 수 있도록 한 후 문제가 있으면 사후 규제하는 방식이다. 그러나 하루가 다르게 신기술이 나오고 속도가 곧 기업의 경쟁력이 되는 세상에서 서비스가 나올 때마다 허가를 받아야 하는 포지티브 규제 속 규제 샌드박스는 한계가 있다.

규제는 하루아침에 사라질 수 없다. 그것은 한 사회가 오랜 경험을 통해 축적해 만든 일종의 약속이기 때문이다. 혁신은 일종의 '파괴'다. 그리고 파괴에는 때때로 적절한 완충재가 필요하다. 새로운 것이 기존의 것에 충격을 가할 때 규제는 새로운 기술로 인해 낙오되는 구성원을 보호하는 방패가 되기도 한다. 혁신과 규제를 단순히 흑백논리로 구분하기보다는 포용적인 관점에서 성장 단계별로 그 적용 여부를 고민하는 것이 필요해 보인다.

/ 장우진

참고 자료

「미래학자 앨빈 토플러, 미래로 가다」, 《한겨레신문》, 2016년 6월 30일 | 「앨빈 토플러의 '한국 보고서' 뭘 담았나」, 《중앙일보》, 2001년 6월 8일 | 「규제 샌드박스 1년… 기업 투자 늘었지만 "번트만 남발" 지적도」, 《조선비즈》, 2020년 10월 13일 | 박현익, 「모빌리티 혁신 꿈꾼 '타다'… 내일부터 역사 속으로」, 《조선비즈》, 2020년 4월 10일 | 「타다 금지법은 한국판 '적기조례'」, 《세계일보》, 2020년 3월 10일 | 「"이 좋은 기술 한국선 왜 안됐냐고…" '규제 이민' 떠난 스타트업들」, 《동아일보》, 2019년 4월 4일 | 「혁신의 두 얼굴… 새로운 먹거리인가 기존 질서 파괴인가」, 《국민일보》, 2019년 12월 11일 | 「날지 못하는 '드론'… 그림의 떡 '의료정보'… "4차 혁명" 외치면서 한 발도 못 나간 규제개혁」, 《서울경제》, 2019년 10월 25일 | 「규제 샌드박스 겨우 넘나 싶더니 시작한 금융사와의 전쟁」, 《조선일보》, 2019년 9월 19일 | 「헬스케어 발목 잡는 규제 개혁 시급」, 《정보통신신문》, 2019년 4월 17일 | 「다시 돌아보는 '적기조례'」, 《머니투데이》, 2018년 7월 5일 | 「"혁신성장 떠밀며 범법자 취급"… 스타트업, 정부규제 뿔났다」, 《한겨레신문》, 2018년 8월 8일

MILLENNIALS

10

어느 기업가의 행복 찾기

ON AIR 20180712

행복한 직원들로부터
좋은 서비스가 나온다.

내가 만든 기업에 가기 싫다니……

하버드대 졸업 후 유명 IT 기업에서 일하던 한 청년은 부업으로 집 거실에 인터넷 배너 회사를 차린다. 2년 만에 사원이 100명으로 늘고 매출도 급성장했지만 그는 문득 회사가 즐겁지 않다고 느낀다. 직원이 몇 안 되던 초창기의 분위기와는 달리 회사가 성장할수록 직원들 간의 균열이 커지는 것을 알게 된 그는 성공보다 행복이 우선이라고 생각해 과감하게 회사를 매각한다. 당시 그의 나이 스물넷. '일하기 좋은 기업' CEO의 대명사가 된 토니 셰이Tony Hsieh, 1973~2020다.

온라인 신발 판매 회사를 새롭게 시작하면서 그가 가장 중요하게 생각한 가치는 '소통'. 언제든 터놓고 이야기할 수 있도록 사무실의 문과 벽을 헐어내고 직원들 사이에 자신의 자리를 마련한다. 행복하지 않은 직원이 좋은 서비스를 할 수 없다고 생각한 그는 직원들과 수평적으로 문제를 풀어나간다. 회사 간부들 역시 업무 시간의 20퍼센트는 팀원들의 고충 해결에 할애한다.

사내의 민주적인 소통으로 행복을 경험하는 직원이 고객과 진심으로 소통하는 것은 자연스러운 일이다. 자사 사이트에 원하는 신발이 없다는 고객에게는 타사의 신발을 찾아 추천해줄 정도다.
'얼마나 많은 고객과 상담했는가'가 아닌 '고객과의 소통지수'로 직원을 평가하는 회사. 그 결과 고객 재구매율 75퍼센트, 연간 매출 10억 달러를 달성한다.

이 회사 고유의 기업문화와 서비스 방식을 높이 평가한 거대 기업에서 합병을 제안했을 때 역시 토니 셰이는 직원들에게 A4지 6장 분량의 메일을 보냈다. 공개적이고 정직한 소통을 통해 합병으로 인한 직원들의 동요를 새로운 기대와 희망으로 바꿔놓았던 것이다.

회사는 12억 달러라는 엄청난 금액에 합병되었고 고용 승계 100퍼센트, 독자 경영을 그대로 이어갔다.

PPOS.COM
NG HAPPINESS

토니 셰이의 행복 경영 실험

코로나19 대유행 가운데 전화로 고객 상담을 하는 콜센터가 '집단 발병지' 또는 '취약 사업장'으로 부각되면서 콜센터 직원들의 근무 환경이 새삼스럽게 언론의 주목을 받았다. 비좁은 업무 공간에서 하루 종일 불만 가득한 고객들의 폭언을 견뎌야 하고 화장실 다녀오는 것조차 통제받는 등 극한의 일터로 알려진 콜센터들도 적지 않다. 대부분의 콜센터들이 한정된 시간에 최대한 많은 고객을 상담하는 것을 목표로 운영되기 때문이다.

하지만 행복한 콜센터 직원들이 고객의 입에서 "와우WOW"라는 감탄사가 나올 정도로 감동을 주고 이를 기반으로 미국 최대의 온라인 신발 판매 회사가 된 기업이 있다. 바로 토니 셰이가 창업한 재포스Zappos다. 행복한 직원과 상담한 고객들은 만족감을 느끼게 되고, 고객의 만족은 곧 매출과 연결된다는 발상의 전환에서 비롯된 성과다.

재포스의 콜센터는 '콘택트 센터Contact Center'라는 이름으로 운영된다. 비대면 비즈니스인 온라인 판매업에서 유일하게 고객을 직접 응대하는 핵심 인력이라는 뜻을 내포하고 있다. 물론 고객 상담 직원 모두가 정규직이다. 콘택트 센터 직원들은 블랙리스트 고객을 충성도 높은 고객으로 변화시키는 마법을 부린다. 어머니가 돌아가셔서 선물로 드린 신발을 개봉하지도 못하게 되었다면서 환불을 요청하는 고객에게 환불 서비스는 물론 위로의 꽃다발까지 보내줬다는 일화는 유명하다. 이런 감동적인 경험이 재포스의 충성 고객을 만든다. 그리고 이들은 재포스의 차원 높은 서비스를 다른 고객들에게 널리 알린다. 짜놓은 대본도 없이 달성해야 할 1일 상담 건수 제한도 두지 않고 직원들에게 자율성을 부여한 결과다. 행복한 직원들이 진심에서 우러나온 상담을 한 것이 재포스를 키우는 원동력이 되었다.

재포스의 성공 이후 토니 셰이는 두 가지 큰 실험에 착수했다. 하나는 공동화된 라스베이거스 구도심을 혁신의 중심으로 재탄생시키는 '다운타운 프로젝트'다. 재포스의 사세가 커지자 토니 셰이는 사옥 이전을 계획한다. 그는 단순히 재포스 본사 이전에 그치지 않고 IT 스타트업뿐 아니라 디자이너, 뮤지션, 작가, 화가, 의료인, 대학 교수, 언론인 등 다양한 분야의 예술가들과 전문가들을 불러들였다. 이들이 서로 교류할 수 있도록 카페와 식당, 술집 등에도 지원을 했다. 그리고 이를 위해 3억 5000만 달러를 투자했다.

2011년 착수 이후 5년간 총 1,571명 정규직 고용 창출, 407개 프로젝트 진행, 약 13만 명의 관광객 방문, 8600만 달러의 경제

유발 효과 등 실적을 거뒀다. 하지만 계획과 달리 사업 진척이 늦어지고 투자수익 압박에 시달리던 일부 창업자들이 극단적 선택을 하는 등 악재도 많았다. 결국 토니 셰이는 프로젝트에서 손을 뗐다. 애초 5년 계획으로 시작되었던 이 프로젝트는 추진 기간이 15년으로 늘었고 명칭도 'DTP 컴퍼니스'로 바뀌었지만 계속 진행되고 있다.

그의 또다른 실험은 2015년 도입한 '홀라크라시'다. 홀라크라시란 조직의 위계질서와 직책을 없애고 모든 구성원이 동등한 상태에서 자신의 목소리를 낼 수 있도록 하는 경영 시스템이다. 회사 구성원 중 누구든 적극적으로 사업에 개입할 수 있으며, 필요시 먼저 회의를 소집할 수도 있다. 홀라크라시의 특징은 상사나 관리자 위계 대신 업무 간의 위계로 일을 한다는 것이다. 수직적 의사결정 구조를 폐지한 재포스의 실험적 사례는 '수평적이고 유연한 조직문화'를 만들고자 하는 이들에게 많은 관심을 끌었다.

토니 셰이는 2020년 8월 경영 일선에서 은퇴한 후 코로나19 대유행으로 격리된 생활을 하던 중에 화재 사고로 세상을 떠났다. 더 많은 이들과 소통하며 행복을 전하고자 끊임없이 도전했던 그는 달리기를 멈췄지만 그에게서 바통을 넘겨받은 창업가들은 보다 행복한 기업을 꿈꾸며 나아갈 것이고, 그의 마케팅 성공 사례와 독창적인 경영 철학은 연구 주제로 꾸준히 다루어질 것이다.

밀레니얼 세대가 일하고 싶은 기업의 특징

미국 경제전문지《포천》은 1998년부터 매년 '일하기 좋은 100대 기업'을 선정해 발표해왔는데, 2020년 리스트를 발표하면서 지난 23년간의 작업에서 다음과 같은 중요한 발견을 했다고 밝혔다. 포용성이 직원 중심 기업의 황금률이 되었고, 그 기준이 해마다 오르고 있다는 점, 그리고 직원들이 직장에서도 행복을 느낄 수 있다는 점을 최고 직장의 공통 요소로 꼽았다.

《포천》의 '일하기 좋은 100대 기업'에서 최근 2년 연속 1위에 등극한 힐튼의 크리스 나세타Chris Nassetta CEO도 "올바른 방식으로 직원들을 돌보려 노력하고 있다. 그래야 그들도 고객들을 잘 돌볼 것"이라며 "직원들에게 잘한 결과 실적도 매우 좋아지고 있다"고 말했다. 이는 행복한 직원이 고객도 행복하게 만들어 그 기업은 성공하게 된다는 명제를 증명하는 또 하나의 기업 사례다. 힐튼은 모든 직원들의 복지를 개선했다. 육아휴직 기간도 늘려 엄마가 된 직원에게는 12주간, 아빠와 입양 부모에게는 4주간의 유급휴가를 보장했고, 지위에 관계없이 모든 직원들에게 우리사주를 배분할 계획이다.

그러나 단지 복지 수준만 개선한다고 해서 직원들이 행복해지고 최고의 직장이 되는 것은 아닐 것이다. 기존 세대와 전혀 다른 가치 체계를 가진 밀레니얼 세대들이 입사하면서 많은 기업이 세대 갈등을 겪고 있다. 우수한 젊은 인재 확보가 기업의 성공에 필수 요건인 만큼 밀레니얼 세대가 원하는 기업 문화에 대한 관심도 커졌다.

대한상공회의소가 2020년 4월 발표한 '한국기업의 세대갈등과 기업문화 종합진단보고서'에 따르면, 직장인의 63.9퍼센트가 세대 차이를 느낀다고 밝혔다. 30개 대·중견기업 소속 직장인 약 1만 3,000여 명이 참여한 이 조사에서 20대의 41.3퍼센트, 30대의 52.3퍼센트가 세대 차이가 업무에 부정적 영향을 미친다고 답했다. 반면 40대와 50대는 같은 질문에 각각 38.3퍼센트, 30.7퍼센트가 동의한 것으로 나타나, 젊은 세대에서 세대 차이로 인한 애로를 더 심각하게 느끼는 것으로 확인되었다.

국내 스타트업 중 '유니콘'(기업가치 1조 원 이상인 비상장 회사)으로 급성장한 비바리퍼블리카는 밀레니얼 세대를 위해 기업의 구조와 문화를 설계했다고 자부하는 기업이다. 간편 송금 서비스 '토스'로 유명한 비바리퍼블리카에는 직급이나 직위가 없다. 다만 역할만 있을 뿐이다. 대부분의 조직은 '인간은 일하기 싫어한다'는 가정하에 수직적 위계질서를 만들기 위해 애쓴다. 반면 비바리퍼블리카는 '인간은 기본적으로 일하기 좋아한다'는 전제에서 출발해 소통을 통해 '내 일'을 스스로 찾아서 하게 만드는 구조다. 회사의 역할은 직원들을 몰아붙이는 것이 아니라 일에 대한 몰입을 방해하는 요소를 제거해 일의 즐거움을 되살아나게 만들어주는 것이라고 보았다. 1억 원 무이자 전세자금대출, 사내 편의점 개설, 1인 1 법인카드 지급 등의 혜택을 직원들에게 주는 것도 일에 몰입하게 만들어주기 위한 노력이라는 것이다.

비바리퍼블리카 이승건 CEO는 "불의와 불공정함을 참지 않고, 가치 있다고 느끼지 않으면 일에 몰입하지 않는 밀레니얼 세대에게는 말뿐인 자율이 아니라 진짜 의사결정권과 오너십, 책임이 주어져야 한다"면서 "밀레니얼 세대를 위해 새로운 기업문화를 만드는 것이 창업가의 사회적 책무라고 생각한다"고 말한다.

/ 정희정

참고 자료

이시즈카 시노부, 『아마존은 왜? 최고가에 재포스를 인수했나』, 이건호 옮김, 북로그컴퍼니, 2010 | 토니 셰이, 『딜리버링 해피니스』, 송연수 옮김, 북하우스, 2010 | 정권택 외, 『실리콘밸리 사람들은 어떻게 일할까?』, 삼성경제연구소, 2017 | 「포춘US, 2020년 일하기 좋은 100대 기업」, 《포춘코리아》, 2020년 4월 2일 | 「재포스 CEO 토니 셰이의 다운타운 프로젝트가 새 이름을 얻다Zappos CEO Tony Hsieh's Downtown Project has new name」, 《라스베이거스 리뷰저널》, 2018년 10월 10일 | 「다운타운 프로젝트, DTP 컴퍼니스로 새출발하다Downtown Project Rebranded To DTP Companies」, 《KNPR》, 2018년 10월 11일 | 「한국기업의 세대갈등과 기업문화 종합진단 보고서」, 대한상공회의소, 2020년 4월 | 「'토스'를 탄생시킨 비바리퍼블리카의 소통」, 《DBR》 265호(2019년 1월 Issue 2)

MILLENNIALS

11

인간을 위한 기술혁명

ON AIR

인간을 위한 기술혁명 — 1부 단 한 사람도 해고되지 않도록 20180131
인간을 위한 기술혁명 — 2부 인공지능을 이기는 교육 20180201

인공지능과 기계에 일자리를 뺏기지 않을 방법은?

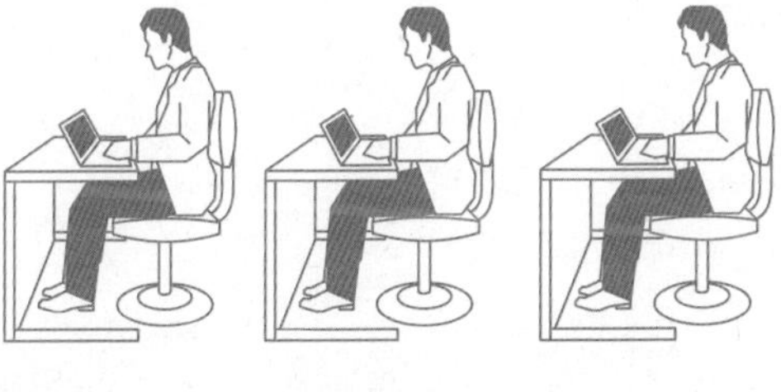

디지털 기술의 융합으로 폭발적인 변화가 일어나고 있는 4차 산업혁명 시대. 기술 발전은 인류에게 혜택과 동시에 위협을 가져왔다. 2030년까지 자동화로 실직하는 인구는 최대 8억 명, 전 세계 근로자의 약 30퍼센트에 이를 것으로 예상된다.

인공지능에 일자리를 뺏길 상황에 직면한 시대. 과거 18세기 후반 산업혁명 시대에도 사람들은 같은 문제를 고민했다. 기계에 일자리를 뺏기지 않을 방법은 무엇일까? 당시 사람들이 찾은 해법은 '새로운 인재를 양성하는 것'이었다.

산업사회의 가치에 적합한 새로운 인재란 단일화되고 표준화된 인재였다. 그래서 도입된 19세기 학교의 선진화된 교육은 교사가 중심이 되어 지식을 전수하고 학생들은 정해진 답을 암기하는 주입식 교육이었다.

하지만 19세기에 만들어진 학교 교육은 20세기에는 꽤 잘 맞았지만 21세기에는 더 이상 통하지 않았다. 지식과 정보가 폭발하고 모든 영역에서 급격한 변화가 일어나는 21세기에 찾은 해법 역시 21세기형 인재를 양성하기 위해 새로운 교육법을 도입하는 것이었다.

스탠퍼드대학교는 21세기형 인재를 양성하기 위해 새로운 교육법을 도입했다. 창의성을 키우기 위해 세상에 하나뿐인 종이 자전거를 만들고, 비판적 사고 능력을 키우기 위해 종이 자전거가 얼마나 안정적으로 달릴 수 있을지 경험을 통해 배우고, 협업 능력을 키우기 위해 학생들이 팀을 이루어 프로젝트를 완성하는 프로젝트 기반 학습Project-Based Learning을 진행한다.

1990년대부터 21세기를 대비한 교육 패러다임의 전환을 적극적으로 논의했던 미국은 프로젝트 기반 학습이 초·중·고등학교까지 확산되어 미국 전역에서 시행 중이다. 그러나 한국은 21세기에도 여전히 정해진 답을 찾는 교육을 하고 있다. 앨빈 토플러는 "한국 학생들은 하루 15시간 동안 미래에 필요하지 않을 지식과 존재하지도 않을 직업을 위해 시간을 낭비하고 있다"면서 한국의 주입식 교육에 일침을 가하기도 했다.

Our
Building
Site

AI 시대에 새로 창출되는 직업

2009년 온라인 가상화폐 비트코인이 등장해 종이돈 없이 무엇이든 교환할 수 있게 되었다. 2011년 퀴즈쇼 '제퍼디'에서 우승한 IBM의 슈퍼컴퓨터 '왓슨'은 방대한 데이터를 바탕으로 세상의 질문에 답하기 시작했다. 2012년에는 사물인터넷으로 삶이 더 편리해졌다. 우버 운전기사, 빅데이터 분석가, 드론 조종사, 무인자동차 엔지니어 등은 불과 10년 전에는 존재하지 않았던 직업이다. 정보통신기술ICT의 눈부신 발달은 제조, 유통, 서비스, 의료 등 거의 모든 산업의 융·복합을 통해 기존의 패러다임을 완전히 뒤바꿔놓고 있다. 바야흐로 '4차 산업혁명' 시대, 기계가 인간을 대체하게 된다면 인간이 더 잘할 수 있는 일은 무엇일까?

2016년 '4차 산업혁명'을 주제로 열린 제46차 세계경제포럼(WEF, 다보스포럼)에서는 기술혁신으로 인해 2020년까지 전 세계에서 일자리 710만 개가 사라지고 200만 개가 새로 생겨, 결국 500만 개가 넘는 일자리가 사라질 것이라고 예측했다. 그러나 2018년 다보스포럼은「직업의 미래 2018」보고서를 통해 기계와 로봇, 알고리즘의 활용이 늘면서 오히려 2022년까지 7500만 개의 일자리가 사라지는 대신 1억 3300만 개의 새로운 일자리가 생겨날 것이라는 새로운 전망을 내놓았다. 기존 직업의 절반이 사라질 것으로 예상한 미래학자 토머스 프레이는 미래의 일자리 중 60퍼센트는 아직 만들어지지 않았다면서, 완전히 새로운 비즈니스의 탄생을 예견하기도 했다.

20세기 산업혁명으로 인해 인간의 노동력이 기계로 대체되고 관리 직무가 새롭게 등장했던 것처럼 앞으로 우리는 인공지능이나 로봇과 함께 프로젝트를 하게 될 수도 있다. 예를 들어 빅데이터를 수집하는 일은 자료처리능력이 뛰어난 AI가 담당하고 그것을 하나의 맥락으로 엮어 고객에게 정보를 제공하는 업무는 사람이 담당하는 것이다. 인공지능이 보편화되면 인공지능을 학습시키는 조련사인 'AI 튜터'도 필요하다. AI는 그 자체로 잠재성을 지닌 어린아이에 불과하므로 인간에게 유용하고 필요한 방향으로 AI를 길들이는 역할을 하는 인력이 요구된다. 무인자동차 역시 보편화되면 무인자동차를 위한 도로를 설계하고 차를 고치는 새로운 엔지니어가 필요할 것이다.

전문가들은 4차 산업혁명을 주도하는 혁신기술인 인공지능을 비롯해 로봇공학, 사물인터넷IoT, 자율주행, 빅데이터, 클라우드 서비스, 블록체인, 3D 프린팅, 드론, 바이오기술, 핀테크, 재생에너지, 헬스 케어, 가상현실과 증강현실 등을 중심으로 직업이 재편되면서 새로운 일자리도 창출해낼 것으로 보고 있다. 이에 따라 인공지능 전문가(인공지능 알고리즘 또는 프로그램을 구현하는 기술 개발), 빅데이터 분석가, 가상현실 전문가, 사물인터넷 전문가, 공유경제 컨설턴트, 로봇 윤리학자, 스마트의류 개발자, 맞춤형로봇 개발자, 드론 운항 및 관리사, 스마트도로 설계자, 의료정보 분석사, 스마트팜 구축가, 3D 프린팅으로 주택을 건축하는 컨투어 크래프팅Contour Crafting 등을 미래 유망 직업으로 제시한다. MIT가 발간하는 기술전문저널 《MIT 테크놀로지 리뷰》는 2030년까지 출현할 것으로 예상되는 새로운 직업으로 폐기물 재활용 기사, 국가유산보존사, 블록체인뱅킹 엔지니어, 건축 프린팅 기사, 공공기술윤리 전문가, 원격로봇 외과의사를 소개하기도 했다.

플랫폼 인더스트리 4.0

애널리스트 15명이 4주간 해야 하는 업무를 인공지능이 처리하는 속도는 단 5분. 골드만삭스는 인공지능 '켄쇼'를 도입한 후

2명의 직원을 제외하고 600여 명을 해고했다. 24시간 일만 하는 로봇들의 효율성은 사람의 4~6배로, 중국의 한 공장은 로봇을 투입한 뒤 2만 여 명이었던 직원을 100여 명으로 감축했다. 과거 기계 한 대가 노동자 수백 명을 대체했듯이 이제 프로그램 하나가 수백 또는 수십만 명의 전문 인력을 대체하게 된다. 로봇과 AI 기술이 여러 분야에 상용화되면 인류의 일자리는 머지않아 빠르게 기술로 대체될 것이다.

기술 발달이 사람에게 축복이 아닌 재앙이 될 수도 있음을 가장 먼저 고민했던 나라 중 하나는 독일이다. 독일은 4차 산업혁명에 대비해 2011년부터 자국의 제조업 경쟁력에 디지털 기술을 융합하는 '인더스트리 4.0Industrie 4.0'이라는 광범위한 로드맵을 준비했다. 정부 주도하에 진행된 이 정책은 전통 산업에 IT 시스템을 결합해 생산 시설을 네트워크화하고 지능형 생산 시스템을 갖춘 '스마트 공장Smart Factory'으로 진화를 꾀하는 것이다. 이 시스템이 각 기업에 적용되면서 생산부터 물류까지 모든 과정이 지능적으로 통합되어 제조업의 효율성과 유연성을 높일 수 있었다. 뒤이어 독일은 인더스트리 4.0에 대한 성과를 토대로 2015년 사회의 다양한 주체가 지속적으로 논의할 수 있는 '플랫폼 인더스트리 4.0'의 구축과 함께 '노동 4.0' 개념도 제시했다.

스마트 공장으로의 전환에 있어 핵심 문제는 기계가 인간의 일자리를 대체하는 것이다. 플랫폼 인더스트리 4.0은 이 과정에서 노동자를 해고하는 것이 아니라 그들에게 양질의 일자리를 변함없이 제공하면서 이들의 숙련 기술을 디지털 친화적으로 재교육해 산업의 경쟁력을 높이는 방법을 제시했다. 독일 정부와 기업은 혁신 경제의 성공이 노동자의 역량에 달려 있음을 인식하고 디지털 산업화의 변화에 새롭게 요구되는 직무역량을 익히도록 직업훈련의 변화를 시도한 것이다.

인공지능과 디지털 생산 기술의 활용은 시장의 변화에 맞춰 제품의 생산량을 효율적으로 조절하고 시장의 요구에 신속하게 대응하게 한다. 하지만 인공지능이 이 과정을 모두 통제할 수 없고, 이 과정 전체를 통제해야 하는 인간의 업무는 더욱 복잡해질 수밖에 없다. 4차 산업혁명은 우리에게 디지털 생산 방식을 이해하고 이를 작동할 수 있는 높은 기술 수준과 개발, 생산, 관리, 마케팅까지 많은 공정이 통합되면서 그 과정을 모두 이해할 수 있는 융합적 사고 또한 요구하고 있다.

플랫폼 인더스트리 4.0은 정부와 기업, 노동조합과 연구기관이 지속적으로 의견을 수용했기에 성공할 수 있었다. 4차 산업혁명은 단순히 경제구조의 변화에 국한되는 것이 아니라 노동, 교육, 복지 등 사회 전반을 변화시킨다. 이 변화에서 정부, 기업, 노조, 협회, 과학계, 정치 등 모든 분야가 협력해서 동반자 관계를 유지하는 것이 매우 중요하다. 그동안 우리는 4차 산업혁명에 따른 기술 혁신에 초점을 두고 노동·고용 변화에 대응하는 노동 정책에는 관심이 부족했다. 스마트 공장 도입에 따른 노동·고용의 변화는 미래가 아닌 현실에 직면한 문제다. 기업의 디지털화를 성공적으로 안착시키기 위해서는 정부 차원에서 노동자에 대한 정책적 지원을 마련할 필요가 있다.

/ 장우진

참고 자료

「AI 시대… 일자리는 사라지지 않는다, 다만 진화할 뿐」, 《아시아경제》, 2019년 12월 3일 | 「인공지능 시대에 현재의 직업은 어떻게 바뀔까?」, 《허프포스트》, 2017년 2월 9일 | 「AI가 전문직도 대체? '직업 빅뱅' 오나」, 《한국경제매거진》, 2018년 3월 2일 | 「제4차 산업혁명과 일자리」, 《행정신문》, 2019년 1월 24일 | 「AI 등 발달로 자동화 확산… 2030년까지 최대 8억 명 실직」, 《조선일보》, 2017년 11월 30일 | 「4차 산업혁명 시대, 新직업이 뜬다」, 《조선일보》, 2017년 12월 21일 | 「"골드만, AI 도입해 600→2명 축소"… 삼정, 금융·4차 산업 보고서 발표」, 《이데일리》, 2017년 10월 8일 | 「독일 제조업의 힘 '히든 챔피언', 속 꽉찬 직업훈련제도가 '보약'」, 《한겨레신문》, 2020년 6월 19일 | 「독일 '플랫폼 인더스트리 4.0'에 '4차 산업혁명' 성공 비결을 묻다」, 《천지일보》, 2017년 8월 8일 | 「독일의 '인더스트리 4.0'과 '노동 4.0'의 실제 경험」, 리뷰 아카이브, 2017년 5월 26일 | 「기술혁신·노동정책 병행이 中企 디지털화 연착륙 열쇠」, 《중소기업뉴스》, 2020년 9월 15일 | 「'로봇은 취직 중'… 공장·은행·피자가게까지 인간 대체」, 《연합뉴스》, 2016년 5월 26일 | 「노동 4.0, 인더스트리 4.0의 촉매」, 중소기업연구원, 2019

MILLENNIALS

12

아주 간단한 이야기

ON AIR 20190206

너무 긴가요?
그럼 깔끔하게
줄여드릴게요.

더 짧게, 더 간편하게

할 일도 많고, 봐야 할 것도 많고, 기억해야 할 것도 많은 바쁜 일상. 운동도 해야 하는데 무언가에 쫓기는 듯 매일 바쁘고 항상 시간이 부족하다.

아침 출근길, 지하철에서 뉴스를 검색한다. 쏟아지는 정보와 수많은 사건 사고들. 긴 기사를 읽고 있자니 글자들이 춤을 춘다. 이럴 때는 카드뉴스가 제격이다. 깔끔한 이미지와 짧게 압축된 핵심 문장 몇 줄로 정치, 경제, 세계정세까지 금세 읽을 수 있으니.

오늘의 기사를 대충 훑어봤으니 이제 영화를 한 편 볼까? 영화 한 편을 보는 데는 10분이면 충분하다. 핵심 줄거리를 압축해놓은 해설 영상이니까. 단 10분짜리 영상만으로도 영화의 감동이 그대로 전달되는 듯하다.

정신없이 하루를 보내고 퇴근하는 길. 최근 화제가 되고 있는 책을 찾아본다. 300쪽이 넘는 두툼한 책이다. 이걸 언제 다 읽지? 짧은 한숨도 잠시, 책 내용을 간추린 오디오북을 찾아본다. 오디오북으로 들으면 30분 만에 한 권을 다 읽는 것이나 마찬가지다.

시간을 쪼개 사용하며 아낀 시간만큼, 마음이 바빠 지워진 문장만큼 줄어든 것은 행간의 숨은 의미를 찾아가는 즐거움, 단어를 따라 천천히 거니는 사색의 시간, 그리고 나 자신을 관조하고 성찰하는 시간.

프랑스 철학자 피에르 상소Pierre Sansot는 『느리게 산다는 것의 의미』에서 "한가로이 거니는 것, 그것은 시간을 중단시키는 것이 아니라, 시간에게 쫓겨 몰리는 법 없이 오히려 시간과 조화를 이루는 것이다. 그것은 구애받지 않는 자유로움을 의미한다"고 말한다.

아무도 쫓아오지 않는다.
조금 느리게, 천천히 살아도 괜찮다.
느림이 부적응과 무능력을 말하는 것은 아니니까.

단어를 따라
천천히 거니는
사색의 시간.
그리고 나 자신을
관조하고 성찰하는
시간.

서머리 콘텐츠

서머리 콘텐츠Summary Contents란 책, 영화, TV 프로그램, 드라마, 스포츠 중계 등 각종 콘텐츠를 핵심 내용으로 축약한 것이다. 오리지널 콘텐츠를 요약하는 과정을 거쳐 재가공한 콘텐츠로, 2차 콘텐츠를 말한다. 주로 활자보다는 영상이나 오디오 콘텐츠로 생산되고 소비되는 특징이 있다. 책이나 영화의 경우 10분에서 30분이면 충분하다. 뉴스는 400자 이하로 제공된다. 방대한 정보를 줄여 핵심만 짧게 전달하는 것이다. 알아야 할 정보의 양은 많고 시간은 부족한 현대인들은 서머리 콘텐츠를 통해 짧은 시간 내에 자기계발을 하고 문화생활을 즐길 수 있게 되었다.

책 내용을 요약해 전달하는 콘텐츠는 가장 오랜 역사를 지닌다. 책 한 권이 출판되면 잡지는 그 내용을 요약해 소개하고, 때로는 요약본이 별도로 출판되었다. 1922년 창간한 월간지《리더스 다이제스트Reader's Digest》는 세계의 중요한 잡지나 단행본에서 흥미로운 부분을 골라 요약·소개하여 성공을 거두었다. 1989년 설립된 'Summaries.Com'은 세계 최고의 비즈니스 서적 요약 출판사다. 요약본 출판은 1998년부터 온라인으로 도서 요약 서비스로 바뀌었다. "덜 읽고, 더 많이 하라"고 주문하는 Summaries.Com은 최신 비즈니스 경향을 파악해야 하는 사람들, 새로운 아이디어가 필요한 사람들이 주요 고객이다.

'밀리의 서재'는 "읽는 것만이 독서는 아니다"라며 책의 핵심 내용만 간추려 들려주면서 책 본문을 보여주는 서머리 콘텐츠 '리딩북' 서비스를 제공한다. 리디북스 '책 끝을 접다'는 책 내용을 1분짜리 카드뉴스나 애니메이션으로 제작해 제공한다. YES24, 교보문고 등 대형서점도 인터넷방송 팟캐스트를 통해 도서 요약 콘텐츠를 제작하고 있다. 개인 유튜버 중 '책읽찌라'는 책 한 권을 3분짜리 영상으로 만들어 유튜브와 페이스북에 업로드한다. 이 영상 덕분에 종이책 판매가 증가하기도 한다.

영화의 경우 1인 크리에이터들에 의해 요약 정보가 생산되어 소비된다. 시리즈로 제작되는 영화는 분량이 방대해 흐름을 먼저 파악하고 봐야 하는데, 영화 분야 유튜버들이 이에 대한 요약 정보를 제공한다. 일부 유튜버는 줄거리 요약뿐만 아니라 주관적인 영화비평, 감독이나 배우의 전작 분석까지 전문적으로 제공해 큰 호응을 얻고 있다.

미디어 스타트업 '뉴닉NEW NEEK'은 뉴스를 엄선해 빠르게 읽을 수 있는 콘텐츠로 가공해 일주일에 세 번 구독자에게 메일로 보내준다. 국제정치나 경제 분야의 뉴스를 쉽고 재미있게 전달해 신문 읽을 시간이 없는 20~30대 독자들이 주로 이용한다.

서머리 콘텐츠는 시간과 돈이 부족해 오리지널 콘텐츠를 즐길 여유가 없는 젊은 세대를 중심으로 확산되어 문화 소비의 한 방식으로 자리 잡고 있다.

구독경제

구독경제Subscription Economy는 소비자가 일정 금액을 먼저 지불하고 원하는 제품을 정기적으로 배송받거나 일정 기간 동안 서비스를 이용하는 새로운 경제 모델을 말한다. 구독경제라는 개념은 미국의 기업용 결제 시스템 스타트업 '주오라Zuora의 대표 티엔 추오Tien Tzuo가 처음 제시했다. 구독경제의 목표는 고객에게 '지속적인 가치'를 제공하는 '서비스'를 만드는 것이다. 제품 판매가 아니라 서비스 제공을 통해 반복적으로 수익을 창출해야 하므로 고객을 '구독자'로 만들어야 한다. 이런 형태의 경제 변화를 구독경제라고 한다. 재화 및 서비스 구매, 이용이 구독이라는 방식으로 이루어진다는 의미에서 사용하기 시작했다. 제러미 리프킨이 『소유의 종말』에서 예측했듯이 '소유'의 시대를 지나 '접

'소유'의 시대를 지나
'접속'과 '체험'의 시대가
현실이 되었다.

속'과 '체험'의 시대가 현실이 되었다.

세계 구독경제 시장은 영국, 프랑스, 독일, 호주권이 가장 선도하고 있다. 호주를 제외하고는 모두 한국처럼 하루 배달상권에 포함되기 때문에 배송의 이점을 최대한 활용하는 나라를 중심으로 구독경제가 더욱 발전하고 있다. 과거에는 신문이나 학습지 구독, 우유와 녹즙 배달이 있었다. 과거와 달리 현재의 구독경제는 사용한 만큼 가치에 대한 비용을 지불한다. 이제 우리 일상 깊숙이 들어온 구독경제는 다양한 분야로 영역을 확대하고 있다.

구독경제는 세 가지 형태로 분류할 수 있다.

첫째, 무제한형 또는 넷플릭스형이다. 정해진 기간 동안 일정 금액으로 언제 어디서나 서비스를 이용하는 방식이다. 넷플릭스에 가입하면 월정액으로 무제한 스트리밍 영상을 볼 수 있고, 전자책 플랫폼 '밀리의 서재'에 가입하면 5만 권 정도의 책을 읽을 수 있다. 어도비Adobe는 포토샵 등의 소프트웨어를 구독 모델로 제공하고 있고, 마이크로소프트는 MS오피스와 클라우드를 구독 서비스로 제공하고 있다.

둘째, 정기배송형이다. 월정액을 지불하면 선택한 기간에 주기적으로 상품을 배송하는 형태이다. 면도날 정기배송 스타트업 '달러 쉐이브 클럽Dollar Shave Club', 전동칫솔 스타트업 '큅Quip', 일회용 콘택트렌즈를 보내주는 '허블Hubble', 탐폰과 생리대 등 여성용품을 보내주는 '롤라Lola'가 있다. 우리나라에서는 '쿠팡

Coupang', 꽃다발 정기배송 서비스 '꾸까Kukka', 면도날 정기구독 서비스 '와이즐리WISELY'가 대표적으로 서비스를 제공하고 있다. 그 밖에도 신발, 액세서리, 꽃, 미술품, 간식, 음료, 반찬, 수건, 칫솔, 영양제, 침구류 등 생활용품 대부분이 정기배송되고 있다.

셋째, 렌탈형이다. 월정액을 지불하고 약속한 기간 동안 사용한 후 반납하는 형태다. 비교적 고가의 제품군으로, 대여 방식을 통해 '체험' 기회를 제공한다. 정수기부터 주방가전, 안마의자, 온열건강기기, 펫드라이룸, 명품 의류, 자동차, 항공기에 이르기까지 다양한 제품으로 렌탈형 구독 서비스를 실시하고 있다.

구독경제가 활발해진 것은 밀레니얼 세대의 '소유'를 거부하는 세계적인 현상, 인터넷 기술의 발전, 짧아진 트렌드 변화 때문이다. 구독경제는 더욱 세분화되어 우리 일상으로 들어오고 있다.

/ 김은경

참고 자료

「구독소비 전성시대」, 《마케팅》 제53권 제10호(통권 제609호), 한국마케팅연구원, 2019 | 박현길, 「구독경제」, 《마케팅》 제53권 제7호(통권 제606호), 한국마케팅연구원, 2019 | 유시은 외, 「서브스크립션 서비스」, 《마케팅》 제53권 제4호(통권 제603호), 한국마케팅연구원, 2019 | 정영훈, 「구독경제에서의 소비자 문제 개선방안 연구」, 한국소비자원, 2019 | 정윤희·김기덕, 「구독경제 시대의 오디오북 지속성장을 위한 시론적 연구」, 《한국출판학연구》 통권 제89호, 2019 | 이은호, 「출판 산업에서 구독 서비스 성장 방안에 대한 연구」, 《한국전자출판연구》 제12호, 2019

MILLENNIALS

13

아직도 육즙을 찾으세요?

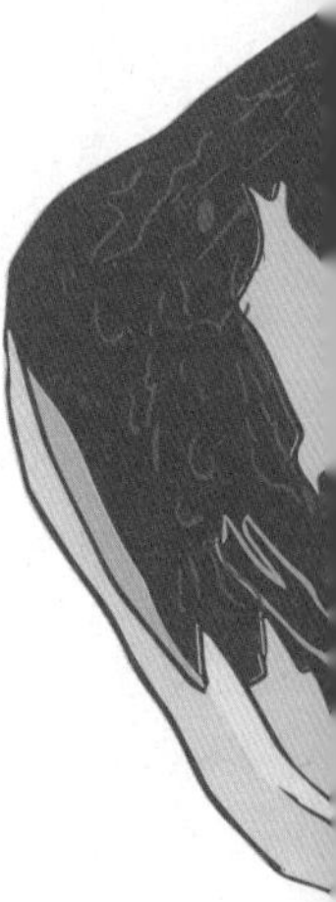

ON AIR 20191118

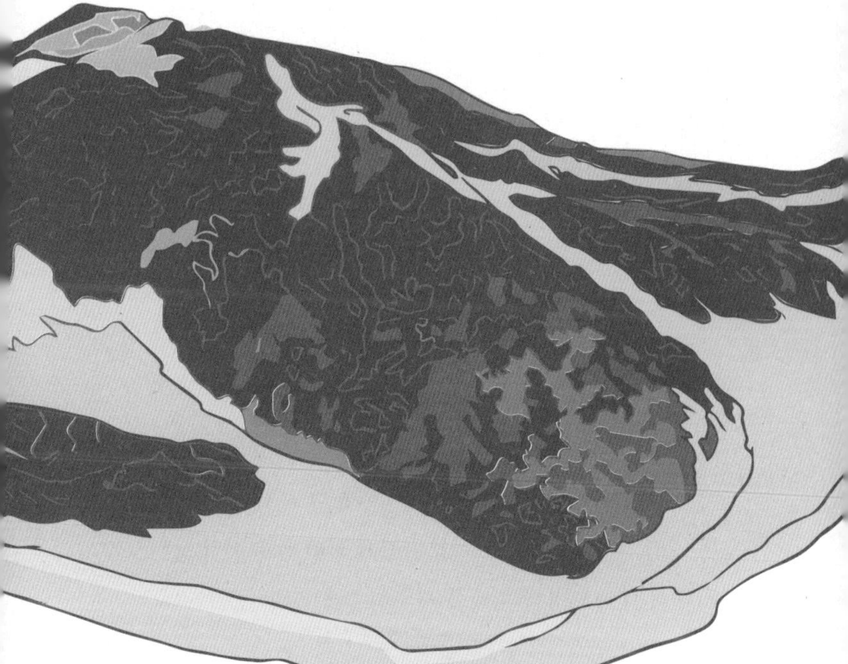

"당신은
어떤 고기의 육즙을
원하십니까?"

육식 본능과 채식 사이에서

녹두로 만든 스크램블드에그, 빨간 콩을 으깨 만든 참치 초밥, 실험실에서 배양한 소고기로 만든 스테이크, 참마로 만든 새우. 미국에서 급부상하고 있는 채식 메뉴들이다. 우리나라에서도 콩이나 밀로 만든 '식물성 고기'가 시판되고 있다. 육식 본능과 채식으로 전환해야 한다는 윤리적 당위 사이에서 대체육과 푸드테크 시장이 등장했다.

햄버거 1개에 포함된 단백질은 26그램(1일 기준치의 54퍼센트), 치킨 1조각에 포함된 단백질은 11그램(1일 기준치의 23퍼센트), 삼겹살 200그램에 포함된 단백질은 34.37그램(1일 기준치의

70퍼센트). 성인 단백질 권장량은 체중 1킬로그램당 1.1그램(UN 식량농업기구)에 불과한데, 현대 인류는 고기를 지나치게 많이 찾고 있다.

"현재의 육류 생산은 매우 비효율적입니다."

— 야코프 나미아스(이스라엘 히브리대학교 생명공학 교수)

소를 사육하기 시작해 도축하기까지 걸리는 시간은 대략 12~18개월. 소 두 마리 분량의 육류를 실험실에서 배양하는 데 걸리는 시간은 단 1개월. 배양 소고기를 생산하는 데에는 소와 사료가 필요 없으므로 축산으로 인해 발생하는 온실가스 배출량을 90퍼센트가량 줄일 수 있다. 미국 기업 '저스트'는 닭의 깃털에서 추출한 세포를 배양해 닭고기를 만들었다. 2013년에는 세계 최초로 소 줄기세포를 배양해 만든 햄버거용 패티가 공개되었다.
실험실에서 육류를 만드는 과정에는 항생제나 성장 호르몬이 필요 없고, 동물을 도축하지 않으니 생명체에 고통을 주지 않는다. 하지만 유전자 변형 여부와 '프랑켄슈타인처럼 실험실에서 만들어진 괴물 고기'라는 부정적인 인식은 여전히 과제로 남아 있다.

미래의 먹거리:
푸드테크가 육식을 대체할 수 있을까?

부자들의 식품이던 고기는 산업형 축산업의 등장, 값싼 가공육 산업의 발달과 더불어 보편적으로 소비되기 시작했다. 현대인들은 이제 빈곤국이나 빈곤층을 제외하면 고기를 지나치게 많이 먹고 있다. 세계에서 육류 소비량이 가장 많은 나라인 미국이 OECD 국가 가운데 비만율이 가장 높고, 평균기대수명도 유일하게 줄어들고 있는 것은 우연이 아니다.

OECD와 FAO(UN식량농업기구)의 농업 아웃룩 2020년판에 따르면, 미국의 연간 1인당 육류 소비량은 100.8킬로그램으로 가장 많았다. 한국은 62킬로그램으로 OECD 국가 평균 63.5킬로그램보다는 적지만 세계 평균 육류 소비량 43.4킬로그램에 비하면 크게 웃도는 수치다.

우리는 우리가 먹는 것 그 자체다. 그렇다면 한 걸음 더 나아가 우리는 '우리 먹을거리가 먹는 것을 그대로 먹는다'. 즉, 우리는 '우리가 먹는 동물이 먹는 것, 그 자체다'라고 말할 수 있다. 이 세

단계에서 앞의 두 단계 중 어느 하나라도 오염되거나 병이 있으면 그것을 먹는 우리도 건강할 수 없다. 자연에서, 지구에서 만물은 연결되어 있다.

공장형 축산업은 이 같은 자연의 먹이사슬에 인위적으로 개입한다. 소와 닭은 건강한 토양에서 자란 건강한 풀을 먹는 게 아니라 칼로리가 높은 곡식, 특히 옥수수와 콩을 주로 먹는다. 그래야 빨리 자라고 더 많은 고기와 우유와 계란을 생산하기 때문이다. 특히 반추동물인 소에게 곡식을 너무 많이 먹이면 병이 나기 때문에 항생제를 투여하고, 심지어 비용 절감을 위해 축산 부산물을 먹이기도 한다. 현대 식탁에서 발생하는 육식으로 인한 건강상 위해성, 환경 위협은 자연과 멀어진 산업형 먹이사슬에서 비롯된다.

육식은 환경문제와 윤리적 문제도 수반한다. UN 식량농업기구는 직접적인 온실가스 배출 외에도 열대우림 훼손 등을 포함한 축산업의 기후변화 기여도가 18퍼센트로, 전 세계 교통수단의 온실가스 배출 비중인 13.5퍼센트보다 높다고 밝혔다.

축산업과 육식을 반대하는 동물권 옹호 운동은 최근 들어 문화적 주류로 부상하고 있다. 현대식 축산 및 육가공 산업에서 빚어지는 동물 학대의 참상은 업튼 싱클레어의 『정글』에서부터 제러미 리프킨의 『육식의 종말』, 마이클 폴란의 『잡식동물의 딜레마』, 한승태의 『고기로 태어나서』 등에서 상세히 다루고 있다. 집중 사육 시설과 도살장에 대한 이들의 묘사를 보면 누구나 한동안이라도 고기를 멀리하고픈 충동을 느낄 것이다.

사람은 채식만 하더라도 건강에 아무 문제가 없다고 한다. 비타민 B_{12}를 제외하고 고기에 들어 있는 모든 영양소는 다른 음식에서도 얻을 수 있다. 영양학자들은 아주 소량 필요한 비타민 B_{12}는 발효된 농산물을 먹으면 섭취할 수 있다고 말한다. 또한 채식주의자는 만성 질병에 덜 취약하며 상대적으로 더 오래 산다. 채식을 위주로 하되 이따금 육식을 하는 플렉시테리언도 채식주의자만큼 건강하다.

하지만 건강, 환경, 동물을 위해 모두 좋은 채식주의로의 전환이 얼마나 확산될지는 불확실하다. 인류가 지금까지 육식을 이어온 데는 역사적, 문화적, 유전적 뿌리가 있기 때문이다. 음식은 단순히 영양소들의 합이 아니라 그 이상이며, 여러 음식이 시너지 효과를 일으키기도 한다. 더 나아가 지역별 음식문화, 음식의 역사도 식생활에 큰 영향을 미친다. 우리나라에서는 옛날부터 잔치 음식이나 제사상에 육류와 생선이 빠지지 않았다. 미국에서는 추수감사절에 칠면조를 먹는다. 마이클 폴란은 "전통 음식은 가족, 종교, 환경, 민족 등 다양한 경로를 통해 우리를 우리의 역사와 연결시켜준다"고 말한다. 또 그는 "인간이 지구상에서 존재한 오랜 시간 동안 고기를 먹고 살아왔다는 진화사의 사실은 우리의 치아와 소화기관의 구조에 반영되어 있다"면서 인간이 다른 동물의 포식을 포기하면 우리의 정체성 일부, 우리 고유의 동물성이 희생될 것이라고 말했다.

자연선택에 의해 형성된 유전자가 바뀌는 데는 인류학적으로 긴 세월이 필요하므로 채식 인구가 획기적으로 늘어나기는 쉽지 않다. 미국 동물보호협회 부회장과 대변인을 지낸 폴 샤피로는 다음과 같이 말했다. "식물성 고기를 도처에서 찾아볼 수 있는데도 미국 내 채식주의자 비율은 수십 년간 2~5퍼센트에 머물렀다. 그리고 동물애호가들을 대상으로 실시한 연구에서도 채식주의자의 86퍼센트가 원래 식성으로 되돌아간다고 한다." 산업형 먹이사슬을 만든 축산업을 지구상에서 몰아내는 것은 단순히 미식 취향의 일부를 포기하는 과제를 넘어서는 일로 보인다.

축산업과 육식을
반대하는
동물권 옹호 운동은
최근 들어 문화적
주류로
부상하고 있다.

잔류성 유기오염물질:
먹이그물과 생물축적

일반적으로 육류보다는 생선이 건강에 덜 해로울 것이라고 생각하는 사람들이 많다. 소, 돼지, 닭고기를 주된 단백질 섭취원으로 삼는 미국이나 유럽인에 비해 어패류 섭취량이 더 많은 일본, 한국 등 동아시아인의 기대수명이 더 긴 편인 것은 사실이다. 암과 심혈관계 질환으로 인한 한국인의 사망률(2017년)도 OECD 국가 평균보다 낮았다. 우리나라의 비만 및 과체중 인구 비율은 34.5퍼센트로 OECD 국가 평균 58.1퍼센트보다 역시 크게 낮았다. 일본은 25.3퍼센트로 OECD 국가 중 가장 낮았다.

하지만 어패류에는 다른 종류의 위험이 있다. 인간의 경제활동에 부수되는 온갖 오염 물질과 쓰레기의 종착지는 바다다. 고약한 것은 생물체 안에서 수십 년간 잔존하는 난분해성 유해 물질이다. 수은, 납, 카드뮴 등 중금속과 '잔류성 유기오염물질POPs'이 이에 해당된다. POPs에는 DDT, 헥사클로로벤젠HCB, 알드린 등의 농약(살충제)류, 절연제의 원료로 널리 쓰인 PCB(폴리염화비페닐)와 다이옥신 등 산업용 화학물질과 공정 부산물들이 포함된다. 이들은 암, 선천성 기형, 면역 및 생식 체계의 교란, 지능 저하 등 여러 가지 건강 문제를 유발할 수 있다. 또한 흔히 환경호르몬이라고 부르는 '내분비계 교란 물질'이기도 하다. POPs는 독성과 잔류성 이외에도 장거리 이동 및 생물농축이라는 특성을 갖는다.

생물농축 과정은 다음과 같이 설명할 수 있다. 식물의 광합성, 식물에서 초식동물, 초식동물에서 잡식동물과 육식동물로 이동하는 에너지의 흐름을 영양 단계라고 한다. 이 영양 단계가 한 단계씩 높아질 때마다 바로 전 단계의 먹이가 된 생물의 오염 물질 농도에 비해 7~10배씩 기하급수적으로 더 높은 오염도를 나타낸다. 포식 동물이 섭취한 에너지(먹이)의 대부분이 소화와 신진대사 활동에 이용되거나 배설물로 사라지고, 10퍼센트 남짓이 체내에 남는다. 반면 먹이에 함유된 중금속과 POPs는 포식자의 몸속에서 빠져나가지 않는다. 그러므로 해양 오염의 가장 큰 피해자이자 궁극적 피해자는 범고래와 참치 등 최상위 포식자다.

그렇다면 안심하고 먹을 수 있는 수산물은 무엇일까? 생물농축의 이치에 따라 영양 단계가 낮은 미역, 다시마, 톳 등 해조류가 가장 안전하고, 플랑크톤만 먹는 멸치 등은 안심하고 먹을 수 있다. 해양수산부가 2007년 6월 공개한 국산 수산물 다이옥신 잔류 실태조사 결과 잔류량이 가장 많은 갈치는 멸치의 20배에 달했다. 갈치에 이어 다랑어(참치), 갯장어, 청어, 고등어, 삼치, 참조기 순으로 오염도가 높았다. 넙치나 숭어, 가자미 등은 이들에 비해 10분의 1 수준의 오염도를 보였다.

사람의 건강 측면에서는 식재료의 오염도보다는 섭취 빈도와 섭취량이 더 중요하다. 즉 주된 단백질 섭취원이 POPs나 중금속에 오염되었을 경우 위험도가 높다. 《내셔널 지오그래픽》에 따르면, 근년 들어 북미 알래스카주와 캐나다 북극지방에 사는 에스키모들 가운데 갑상선암, 전립선암 등의 내분비계 질환 환자가 늘어나고 있다고 한다. 이들의 주된 단백질 섭취원인 바다표범, 일각고래 등의 체지방에 POPs 농도가 높아지고 있다는 정황이다.

/ 임항

참고 자료

「"미국인의 기대수명이 줄었다"… 왜?」, KBS, 2019년 4월 17일 | 마이클 폴란, 『마이클 폴란의 행복한 밥상』, 조윤정 옮김, 다른세상, 2009 | 마이클 폴란, 『잡식동물의 딜레마』, 조윤정 옮김, 다른세상, 2008 | 폴 샤피로, 『클린 미트』, 이진구 옮김, 흐름출판, 2009 | 「2006년도 국내산 수산물 어종별 다이옥신류 잔류 실태 조사 보고서」, 해양수산부, 2007년 6월 12일 보도자료

MILLE

PART

3

공존을 위한 경제

NIALS

꿈꾸는 행동가들 | 벽 속의 구멍 프로젝트 | 모든 이에게 햇살을 | 거미줄의 힘 | 히트상품

MILLENNIALS

14

꿈꾸는 행동가들

ON AIR 20181101

우리가 할 수 있는 것, 해야만 하는 것

매년 10월, 36개국 1,730개 대학 프로젝트 팀이 참여하는 어느 현장은 자국의 대회를 거쳐 그간의 성과를 발표하는 자리다.

첫 번째 평가 기준은 '어떤 팀이 가장 기업가적인 사고를 했는가?'이다.
중국 샤먼대학교 팀은 굴 껍질 사업으로 일자리를 창출했고, 미국 벨몬트대학교 팀은 매트리스 사업으로 34만 파운드의 경제 효과를 일으켰다.
브라질 CEUT대학교 팀은 야자열매 사업을 하며 생산품

센터를 설립했고, 대한민국 서울대학교 끌림 팀은 광고 사업으로 건당 10~20만 원의 수익을 올렸다.

이것이 전부가 아니다. 더 중요한 두 번째 평가 기준은 '도움이 필요한 이들의 삶을 변화시키기 위한 기업가정신을 실천했는가?'이다.

중국 샤먼대학교 팀은 버려진 굴 껍질로 비료를 생산해 환경오염을 해소했고, 미국 벨몬트대학교 팀은 폐매트리스 부품을 재활용하면서 출소자와 노숙인을 채용했다.

브라질 CEUT대학교 팀은 야자열매 상품 제작을 교육하면서 극빈층에 2,000달러의 소득을 발생시켰다.

대한민국 서울대학교 끌림 팀은 한 달 수입 10만 원인 폐지 수거 노인들의 리어카에 광고를 부착해 새로운 수익을 창출했다.

이렇게 전 세계에서 진행된 프로젝트는 2017년 기준 6,500개에 달한다. 대상자의 경제적 자립과 지역사회의 문제를 해결하는 아이디어들은 대회에서 서로 생각을 공유하는 과정을 거쳐 다수가 사회적 기업으로 성장한다.

여기에는 학생들에게 전문성을 전달하는 또 다른 행동가들, 즉 기업인들의 역할도 한몫한다.

더 나은 세상을 위한 대학생·교육자·기업인의 기업가정신 실천 공동체ENtrepreneurial ACTion US, 그들은 '인액터스ENACTUS'다. 인액터스는 비즈니스를 통해 사회적 문제를 해결하는 대학생들의 연합 단체다. 2017년 기록된 인액터스의 활동은 74만 400시간. 7만 2,000명 인액터스 회원들의 도전은 현재 진행 중이다.

다른 이들이
안 되는 것에 대해
생각할 때 우리는
할 수 있는 것,
해야만 하는 것에
대해 생각합니다.
그리고 실천합니다.

고요한 택시

'고요한 택시'는 2018년 인액터스 코리아 국내대회에서 우승한 동국대학교 팀의 프로젝트다. 송민표 대표는 청각장애인들의 일자리가 부족하고 직업군이 한정되는 문제를 해결하기 위한 방법을 찾고자 했다. 그는 관련된 해외 사례들을 살펴보던 중 차량호출업체인 우버를 통해 청각장애인들이 택시 운전을 하는 모습을 보았다. 그런데 승객이 종이에 글을 써서 운전기사에게 목적지나 메시지를 전하는 것이 매우 불편해 보였다.

어떻게 하면 청각장애인 운전기사와 승객이 편리하게 의사소통할 수 있을지 고민한 끝에 우리나라의 IT기술을 적용하여 태블릿 PC를 통해 소통하는 앱 '고요한GOYOHAN'을 개발하게 된다. 이렇게 '고요한 택시'가 탄생하게 되었다.

그들은 '코액터스'라는 사회적 기업을 설립해 본격적으로 사업을 시작하면서 어려움도 많이 겪었다. 청각장애인이 운전을 하면 위험할 것이라는 편견도 많았고, 청각장애인을 고용할 이유가 없다는 택시 회사를 설득해 계약하는 것도 힘들었다. 그러나 막상 서비스를 시작하자 일자리를 얻게 된 청각장애인과 인력난을 해결하게 된 택시 회사, 어렵지 않게 택시를 이용한 승객 모두에게 호응을 얻었다.

코액터스는 청각장애인 기사에게 앱 사용법과 고요한 서비스를 교육해 택시 회사 취업을 연계해주고, 택시에 태블릿을 설치해 기기 유지와 보수를 책임지고 있다. 태블릿은 기사용과 승객용으로 두 대가 설치되고, 승객이 목적지를 입력하면 기사에게 텍스트로 전달된다. 주행 중에 냉난방 조절 등 요구사항이 있으면 목적지를 입력하는 것과 같은 방법으로 의사소통할 수 있다. 목적지에 거의 도착하면 기사가 '목적지 근처'를 눌러 정확한 하차 지점을 알려달라고 요청하고, 승객은 '1번 출구', '정문' 등 상세한 하차 지점을 전달한다.

2018년 6월 경주에서 첫 운행을 시작으로 2년여 만에 서울, 남양주 등에서 62명의 청각장애인 기사를 배출했고, 운행 건수는 15만 건을 넘었다. 기사들의 월평균 수입은 225만 원으로 청각장애인 월평균 수입(125만 원)보다 높다.

고요한 택시는 이러한 혁신성과 가치를 인정받아 2019년에는 전 세계 스타트업 및 사회적 기업이 참여하는 두바이 엑스포 2020의 '엑스포 라이브 혁신 프로그램'에 한국 기업 최초로 선정되기도 했다. 이로써 국가 위상을 높였을 뿐 아니라 글로벌 기업들과 파트너십을 맺을 수 있는 기회와 10만 달러의 상금을 받아 글로벌 기업으로 성장할 발판을 마련하게 되었다.

한편 코액터스는 2020년 8월에는 SK텔레콤과 함께 청각장애인이 운전하는 직영 운송 모바일 서비스 '고요한 M' 서비스를 선보였다. '고요한 M' 앱을 통해 택시를 호출하면 청각장애인 기사가 SUV 차량을 타고 온다. 기사는 첨단운전자지원시스템ADAS이 탑재된 스마트워치를 손목에 차고 있다. ADAS는 위험한 상황이 발생하면 카메라와 영상 장비를 통해 운전자에게 알려주는 시스템으로, SK텔레콤이 청각장애인 맞춤형 장비를 개발했다. 스마트워치에는 위급 상황에 대비해 경찰청에 '긴급 SOS'를 요청할 수 있는 버튼도 설치되었다.

코액터스는 '고요한 M'의 기사를 전액 월급제로 직접 고용한다. 택시 10대로 시작해 아직은 서울 강남구 위주로 운영하지만 운영을 점차 확대할 계획이다. 2021년에는 고요한 택시를 100대로 늘리고, 교통약자를 돕는 서비스를 출시하는 것을 목표로 하고 있다.

인액터스 코리아

인액터스는 1975년 미국리더십연구소National Leadership Institute가 설립한 사이프Students In Free Enterprise, SIFE에서 출발했다. 사이프는 대학생들을 사회적 책임감을 갖춘 비즈니스 리더로 성장시키기 위해 기업과 대학교가 협력하는 비영리단체다. 각 대학의 사이프 팀은 1년간 실행한 프로젝트를 평가받는데, 해마다 국내 대회 우승팀들이 모여 세계 챔피언을 뽑는 사이프 월드컵을 개최한다. 2012년 미국 워싱턴D.C.에서 열린 월드컵에서 이름을 인액터스로 바꾸었다.

우리나라에서는 2004년에 연세대학교, 건국대학교, 가천대학교, 홍익대학교, 이 4개 대학 팀이 모여 사이프 코리아를 시작했다. 현재는 30개 대학에서 누적 회원 5,000여 명과 졸업회원 1,500여 명이 활동하고 있다. 그동안 지역사회 곳곳에서 100여 개의 프로젝트를 진행했고, 총 활동 시간은 31만 9,781시간에 이른다. 이들을 후원하는 기업은 현대해상, 카길애그리퓨리나, 행복나눔재단, 파수닷컴, 에스에이피코리아, 삼정KPMG, HSBC, 하겐다즈, 소녀방앗간, 유니레버 등 10개 사에 이른다.

인액터스 코리아 사무국은 전국 30개 대학 내 인액터스 팀들의 성장을 위한 지원 조직으로, 인액터스 회원들을 위한 국내 대회, 워크숍, 프로젝트 인큐베이션, 후원기업 임직원 멘토링, 알럼나이(졸업회원) 네트워크 구축 등의 업무를 맡고 있다.

인액터스에서 시작한 프로젝트가 지속되며 사회적 기업이나 협동조합으로 이어진 경우도 많다. '마리몬드'는 인권을 보호하고 폭력에 반대하는 라이프스타일 패션 브랜드다. 위안부 할머니 문제해결을 촉구하는 고려대학교 인액터스 동아리의 '블루밍 프로젝트'에서 시작했다. 마리몬드Marymond는 회복의 소망을 상징하는 꽃이라는 의미다. 위안부 할머니들에게 삶에 어울리는 고유의 꽃을 헌정해 패턴을 만들고, 그 패턴으로 휴대폰 케이스와 의류, 가방 등 다양한 제품을 제작, 판매한다. 학대피해아동의 인권을 조명하는 아몬드 나무 패턴을 담은 제품도 만들었다. 마리몬드는 위안부 할머니들을 기억하기 위한 광고와 전시회, 캠페인 등을 진행하고 있으며, 위안부 문제 해결과 성폭력 피해, 학대피해아동 지원 등에 23억 원 이상을 기부하고 있다. 2017년 기준 60여 명의 직원과 함께 90억 원의 매출을 내는 사회적 기업으로 성장했다.

성균관대학교 인액터스 팀원으로 활동하던 박찬재 두손컴퍼니 대표는 서울역에서 강제 퇴거된 노숙자들에게 일자리를 마련해주기 위한 프로젝트를 진행하다 사회적 기업을 설립했다. 처음에는 노숙인들과 함께 광고를 인쇄한 친환경 종이 옷걸이를 제작해 세탁소에 무상 공급했다. 그러다 물류 쪽으로 눈을 돌리면서 이커머스 전문 물류 서비스 '품고'와 크라우드 펀딩 전문 배송 서비스 '두윙'을 제공하고 있다. 두손컴퍼니는 10여 명의 노숙인과 20여 명의 직원을 고용해 월 매출 4억 원을 돌파하고, 시리즈A와 네이버에서 연이어 투자를 받는 등 급성장하고 있다.

동구밭 팩토리는 발달장애인과 비장애인이 함께 텃밭을 가꾸며 사회성을 기르는 홍익대학교 인액터스 학생들의 프로젝트에서 시작되었다. 발달장애인의 자립을 돕기 위해 텃밭에서 수확한 작물로 천연비누와 입욕제를 만들고 있다. 2개 공장에서 한 달에 비누 25만 개, 입욕제 5만 개를 생산하고 있다. 월 매출이 400만 원 증가할 때마다 발달장애 사원을 1명씩 뽑는데, 현재 20여 명의 발달장애 사원이 함께하고 있다.

/ 김정은

참고 자료

「고요한 택시, 청각장애의 편견을 깬 소통」, KBS 통합뉴스룸 ET, 2020년 8월 20일 | 「고요한 택시, 글로벌 스타트업대회 '엑스포 라이브'서 혁신프로그램 선정 '쾌거'」, 《헤럴드경제》, 2019년 8월 22일 | 「8월부터 '고요한' 택시기사가 SUV 타고 온다」, 《IT조선》, 2020년 7월 29일 | 「택시, 창각장애인이 운전합니다… SKT '고요한 M' 서비스 시작」, 《미디어펜》, 2020년 7월 29일 | 「청년들의 사회공헌 비즈니스 '인액터스', 지속가능한 사회변화로 이끈다」, 《머니투데이》, 2018년 9월 30일 | 「청년협동조합 손니움, 창업공모전 우수상」, 《분당신문》, 2017년 12월 1일

MILLENNIALS

15

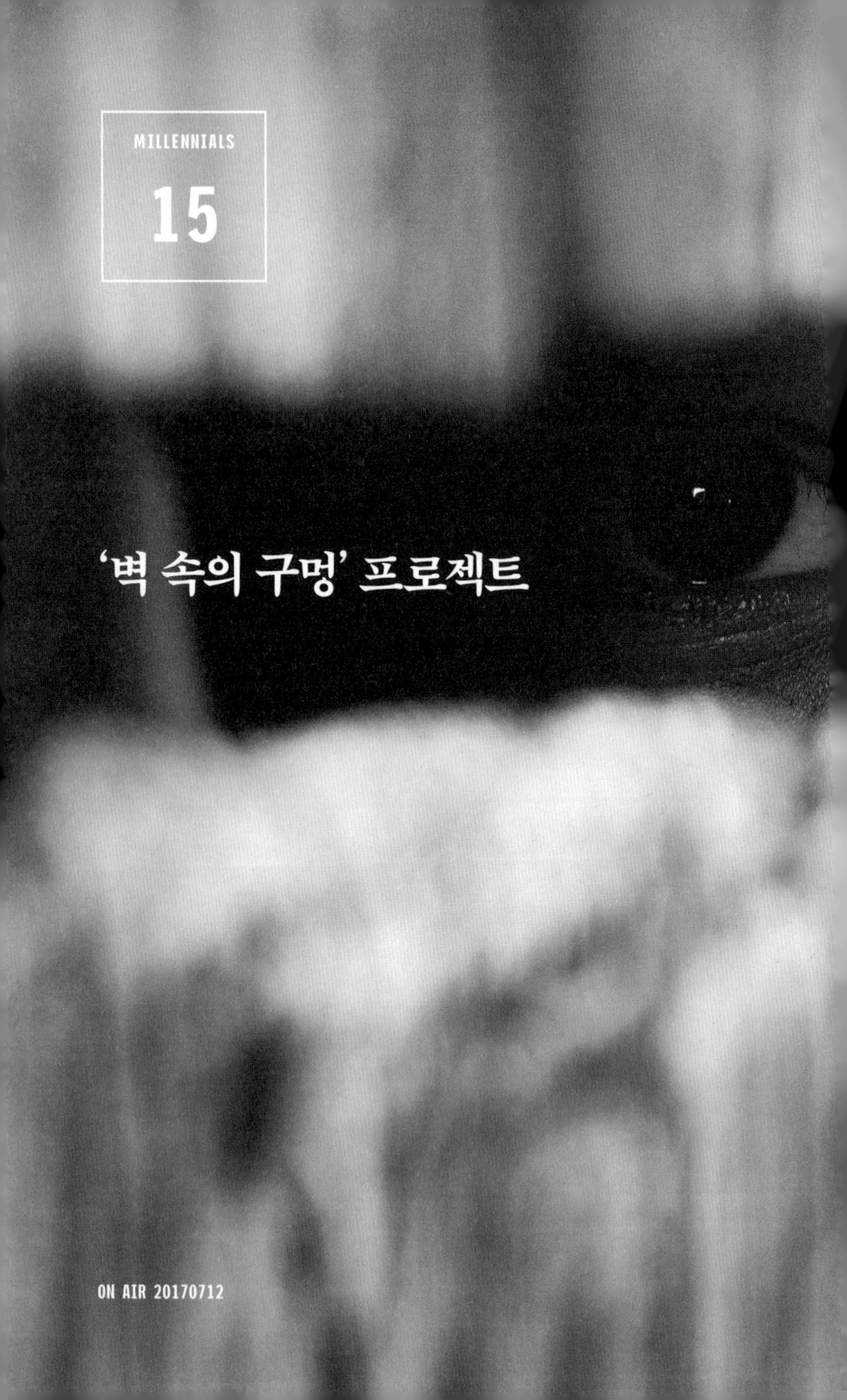

'벽 속의 구멍' 프로젝트

ON AIR 20170712

아이들에게는
어떤 것도
벽이 될 수 없다.

빈민가 벽 속에 컴퓨터를 심다

극심한 빈부 격차가 존재하는 곳. 빈민가 사람들이 빈곤에서 벗어나기 위한 선택지는 불행히도 많지 않다. 그중 가장 확실해 보이는 것이 바로 교육이다. 인도의 부모들은 자녀들 손에 커닝 페이퍼를 전달하기 위해 목숨을 걸고 5층 높이의 시험장 외벽을 오르기도 한다. 교육이라는 희망의 사다리를 오르기 위해.

인구 대국 인도의 수도 뉴델리. 최첨단을 달리는 컴퓨터 프로그래밍을 가르치던 젊은 박사는 사무실 문을 열고 나오면 곧바로 맞닥뜨리는 빈민가를 보며 생각에 잠겼다.

부잣집 자녀들은 뛰어난 컴퓨터 실력을 갖추고 있었고 학습 능력도 출중했다. 하지만 빈민가 아이들은 영어 구사 능력도 갖추지 못했다. 이 차이는 어디에서 오는 걸까.

박사는 컴퓨터에 주목했다. 어른들은 아이들의 그치지 않는 물음에 넌더리를 내지만 컴퓨터는 쉼 없이 대답을 해준다. 아이들의 무한한 호기심을 충족시키기에 컴퓨터는 최상의 피드백 시스템이다. 사용법만 깨닫는다면 컴퓨터는 최고의 교재가 될 수 있겠다는 생각이 머리를 스쳤다.

그는 뉴델리 빈민가 건물 벽에 구멍을 뚫고 컴퓨터를 설치했다. 영어도 할 줄 모르는 아이들이 뭘 할 수 있을지 반신반의했지만 결과는 놀라웠다. 아이들은 가르쳐주는 사람 없이 스스로 컴퓨터 사용법을 배웠다. 처음 보는 물건에 호기심을 느끼며 다가온 아이들. 그들은 터치패드를 만지면 커서가 움직인다는 것을 2분 만에 깨달았다. 8분이면 인터넷 검색을 할 줄 알게 되었다.

박사는 이 놀라운 사실을 믿기 어려웠다. 이후 인도의 다른 오지 빈민가로 실험을 확대한다.

같은 방식으로 컴퓨터를 설치한 뒤 3개월 뒤에 다시 마을을 찾았다. 놀라움은 계속되었다. 영어 구사 능력이 전혀 없었던 아이들이 200개 이상의 영어 단어를 학습했다. 가르쳐주는 사람이 없는데도 일반 비서 업무에 필요한 수준으로 컴퓨터 활용 능력을 터득한 것이었다.

박사는 아이들에게는 어떤 것도 벽이 될 수 없음을 깨달았다. 호기심만 있으면 아이들은 스스로 학습할 수 있다는 명제와 함께.

कबूतर
क
कलम
कमल
खरगोश
ख
खटमल

'벽 속의 구멍' 프로젝트

컴퓨터를 처음 본 빈민가 아이들에게 컴퓨터를 마음껏 쓸 수 있게 하면 어떤 변화가 일어날까? 인도의 수가타 미트라Sugata Mitra 교수는 이 호기심에서 출발해 놀라운 발견을 하게 된다.

그는 오지 마을 한복판 건물 벽에 구멍을 뚫고 컴퓨터를 설치했다. 지나가는 아이들이 마음껏 쓸 수 있도록 말이다. 몇 개월 후 다시 그 마을을 방문했을 때, 아이들에게는 놀라운 변화가 일어나 있었다. 아이들은 컴퓨터의 거의 모든 기능을 터득했다. 게임, 음악 감상, 자료 다운로드, 심지어 간단한 기능 고장도 스스로 고칠 줄 알았다.

이 실험을 통해 미트라 교수는 호기심만 있다면 아이들은 스스로 무언가를 배울 수 있다는 결론에 도달한다. 먼저 터득한 아이들이 다른 아이들에게 깨달음을 나누고, 더 이상 알아낼 것이 없다고 생각한 순간 집단 지성을 통해 더 큰 깨달음을 얻을 수 있다는 사실도 포착했다.

그는 실험을 계속했다. 컴퓨터 안에 대학 수준의 생물학 서적을 탑재했다. 영어로 된 책이라 영어를 배운 적 없는 빈민가 아이들에게는 읽는 것조차 불가능한 상황이었다. 몇 개월 뒤 다시 마을로 돌아와 성과를 점검했다. 아이들은 놀랍게도 교수에게 뉴런의 상호작용 방식에 대해 설명했다.

이후 미트라 교수는 아이들의 지적 호기심을 꾸준히 자극하면 더 큰 성과를 거둘 수 있을 것이라는 가설을 세우고 실험에 돌입했다. 컴퓨터로 생물학을 배우는 아이들에게 '인간 선생님'이 하는 역할은 칭찬과 질문뿐이었다. 낙제점이었던 아이들의 성적은 60점까지 올랐다. 대학교 1~2학년이 배우는 교재의 내용을 무려 10대 초반의 오지 빈민가 아이들이 이해하게 되었다는 것은 정말 놀라운 성과였다.

1999년 뉴델리에 처음 설치된 '벽 속의 구멍' 학습 센터는 2000년 델리 주의 30곳으로 확대되었고, 2001년부터는 인도 전국 오지 마을 23곳에 추가되었다. 2004년에는 캄보디아에도 센터가 설립되었다.

미트라 교수는 이 실험을 토대로 'SOLE(Self-Organized Learning Environment, 자기 구성 학습 환경)'라는 교육 프로그램을 개발했다. 화상 채팅이 가능한 노트북만 있으면 어디서든 수업을 진행할 수 있다. 아이들뿐인 교실에서는 아이들끼리 의논해서 주어진 문제에 대한 답을 찾아간다. 아이들 스스로 생각할 수 있는 질문이라면 주제는 어떤 것이라도 상관없다.

이 프로그램은 '그래니 클라우드The Granny Cloud'라는 프로그램과 연계해 현재까지 이어지고 있다. 할머니를 뜻하는 'Granny'라는 명칭과는 다르게 각계각층 다양한 연령대의 자원봉사자들이 화상 채팅을 통해 아이들의 호기심을 일깨운다.

미트라 교수는 2013년 2월, TED 강연의 노벨상이라고 불리는 'TED 프라이즈'를 수상했다. 그는 현장에서 이 모든 것을 가능하게 한 것은 바로 '격려'였다고 말했다. 아이들의 호기심과 시행착오를 격려하고 학습에 관한 어떠한 외적 강제도 두지 않는 것. 그리고 남들보다 뛰어난 자신을 만들기 위해 경쟁하는 게 아니라 궁금증과 발견을 친구들과 함께 공유하도록 장려하는 것. 그것만 있으면 우리의 상상을 뛰어넘는 성취를 이끌어낼 수 있다고 말하며 '스쿨 인 더 클라우드' 설립을 제안했다.

미트라 교수는 TED의 지원을 받아 인도의 5개 도시에 '스쿨 인 더 클라우드' 연구실을 세웠고 1만 6,000개 이상의 SOLE(자기 구성 학습 환경) 세션을 진행했다.

교육 격차 해소를 위해 뛰어라

유네스코에 따르면, 전 세계 성인의 86퍼센트가 글을 읽고 쓸 수 있다. 바꿔 말하면 성인의 14퍼센트는 문맹이다. 전 세계 인구의 17퍼센트에 해당하는 2억 5800만 명의 아동과 청소년은 학교 교육의 혜택을 전혀 받지 못하고 있다. 유네스코의 「2020년 세계 교육현황보고서」는 코로나19로 인해 전 세계 학생 인구의 90퍼센트 이상이 교육을 제대로 받지 못하고 있으며, 온라인 원격 교육이 제공된다 해도 사회적·디지털 격차에 의해 교육 불평등이 더욱 심화되어 향후 수십 년간 영향을 미칠 것으로 내다봤다.

이런 교육 격차를 해소하기 위해 노력하는 이들도 많다. 개발도상국 아이들이나 학교를 다니지 못하는 아이들에게 태블릿 PC만으로 기초학습을 하게 만드는 교육 소프트웨어를 찾는 경진대회가 열리기도 했다. 테슬라의 CEO 일론 머스크가 기부한 1500만 달러(약 170억 원)의 상금을 걸고 5년 동안(2014~2019년) 진행된 '글로벌 러닝 엑스프라이즈'에는 40여 개국 700여 팀이 참여했다. 치열한 경쟁을 통해 선정된 5개 결승 진출작을 탄자니아 170개 마을의 학교 밖 아동 3,000여 명에게 나눠주고 15개월 동안 스스로 학습하게 한 뒤 읽기, 쓰기, 셈하기 테스트를 통해 어떤 소프트웨어가 가장 효과적이었는지 평가했다. 이 대회에서 우승해 50억 원의 상금을 받은 소프트웨어가 에누마의 '킷킷스쿨'이다.

에누마의 이수인 대표는 조산한 자신의 아이가 학습 장애를 겪을 것이라는 진단을 받고 장애아도, 학습 능력이 부족한 아이도 함께 재미있게 공부할 수 있는 솔루션을 개발하고자 2012년에 창업했다. '토도수학'과 '킷킷스쿨' 등 내놓는 제품마다 호평을 받으며 에누마를 세계적으로 주목받는 교육 스타트업으로 성장시킨 이수인 대표는 다음과 같이 이야기한다.

"투자자를 위해 어느 나라의 환경을 망치거나 일자리를 다 없애는 방식으로 돈 버는 회사는 옳은 걸까요. 자녀 입시를 걱정하는 부모들을 겁 줘서 돈 버는 것 말고 교육 기업이 할 수 있는 일은 굉장히 많다고 생각해요. 저희 회사가 얼마나 많은 아이들의 삶을 바꿀지 지켜봐주세요."

한국의 다문화가정 자녀 10명 중 7명이 미취학 상태라는 통계에 충격을 받고 취약계층 자녀의 학습 능력 향상을 돕고자 사단법인 '점프JUMP'를 창립한 이의헌 대표의 활동도 주목할 만하다. 점프는 청소년-대학생-사회인 멘토가 서로를 지원하는 '삼각멘토링' 시스템을 운영한다. 취약계층 청소년을 위해 봉사하는 대학생에게는 장학금을 수여하고 사회 각 분야 전문직으로 구성

된 멘토단으로부터 진로 상담 등의 조언을 받을 수 있게 한다. 짧은 기간 봉사하며 단순히 입사원서에 적을 '스펙' 한 줄을 추가하는 데 그치는 것이 아니라 최소 1년 이상 활동하며 다문화 사회에 대한 균형 잡힌 시각을 가진 인재로 성장하도록 돕는 것이다. 교육받는 학생은 선생님이 바뀌어도 3~5년간 지속적으로 교육받을 수 있어 만족도가 높아지고, 대학생이 된 뒤 다시 교육 봉사자가 되는 선순환이 이어졌다. 2011년부터 2019년 7월까지 점프를 거쳐간 대학생은 1,858명, 청소년은 6,788명에 이른다. 443곳의 학습센터에서 누적 196만 2,216시간 동안 청소년을 가르쳤다. 지금까지 점프의 활동 결과로 절감된 사교육 비용은 314억 원, 대학생 진로교육 절감 비용은 52억 원, 지역아동센터 강사채용 대체 효과는 45억 원으로 추산된다.

한편 교육기부포털(teachforkorea.go.kr)은 교육 격차 해소를 위해 다양한 기부자와 수혜자를 연결하고 있다.

/ 정희정

참고 자료

〈수가타 미트라: 스스로를 교육하는 법에 대한 새로운 실험〉, TED Talks, 2010년 7월 | 「2020 세계 교육현황보고서 요약본: 포용과 교육」, 유네스코 한국위원회, 2020년 | 〈테슬라 CEO 일론 머스크가 건 현상금 50억의 주인공〉, 유튜브 채널 'EO', 2020년 1월 21일 | 〈일론 머스크가 50억을 준 교육 스타트업 CEO의 강연〉, 유튜브 채널 '시리즈 영', 2020년 10월 29일 | 「공급자 중심의 교육 봉사 탈피… 뫼비우스 띠처럼 이어지는 교육 상생」, 《한국일보》, 2020년 5월 19일

MILLENNIALS

16

모든 이에게 햇살을

ON AIR 20180906

The Sun Shines for All

'빛'을 가져온 한 남자

브라질 팔마레스의 어느 농촌, 아침이 밝았지만 마을은 적막하다. 아이들의 웃음도 농부의 땀방울도 멈췄다.

1980년대에 만들어진 브라질의 배전 시스템은 대도시를 대상으로 설계되었다. 그런 까닭으로 송전 비용에 따른 지방 농지의 전기 공급 가격은 약 7,000달러였다. 이는 빈농 가구의 5~10년 치 수입에 해당한다. 결국 사람들은 일자리를 찾아 도시로 떠날 수밖에 없었다.

지역의 농업담당관 파비우 호사Fabio Rosa는 텅 빈 마을을 보며

이 문제를 해결해보기로 결심한다. '저렴한 전기'를 찾아 획기적인 지방 전력체제의 기술을 습득했다. 하지만 국영 기술표준 부적합 판정을 받았고, 지역 전력공사의 외압이 이어졌다.

"단번에 성공하지 못했다고 해서 모든 게 끝나는 건 아니에요. 다음 일을 시작할 뿐입니다."

— 파비우 호사

그는 사람들을 설득해 여론을 형성했고 마침내 표준기술로 승인받았다. 전기의 공급가는 기존 요금의 17분의 1이었다. 수익이 서너 배로 증가한 농민들 중 3분의 1은 다시 고향으로 돌아온 사람들이었다.

전기 공급의 중요성을 깨달은 파비우 호사는 가난한 이들을 위한 사회적 기업가로 본격적인 도전에 나선다. 정부도 사회도 외면했던 브라질의 6,000여 가정에 저렴하고 지속 가능한 태양광 발전 설비를 임대하기 시작했다.

"이제 한 달에 38헤알(2만 원)이면 전등도 켜고 TV도 볼 수 있어요."

— 옥수수 농부 세자르

해가 지면 아침이 오기만을 기다렸던 이들을 위한 프로젝트. 바로 '모든 이에게 햇살을The Sun Shines for All'이다. 그 수익은 전 세계 빈곤층을 위해 쓰여 다시 빛의 세상을 만든다.

"우리는 변화하고 행동해야 합니다. 서로 지성을 모은다면 소외된 이들과 분명 공존할 수 있어요."

— 파비우 호사

사회적 기업가를 돕는 재단들

사회적 기업가를 돕는 재단으로는 1981년 빌 드레이튼이 설립한 아쇼카 재단이 대표적이다. 파비우 호사도 아쇼카 재단의 지원을 받아 농촌 전기 보급 사업을 팔마레스뿐 아니라 브라질 전역에서 펼칠 수 있었다.

미국 뉴욕 출신의 빌 드레이튼은 '사회적 기업가Social Enterpriser'라는 용어와 정의를 창안해 '사회적 기업가 정신의 아버지'라고 불린다. 그는 초등학교 때 용돈을 모아 등사기를 사서 신문을 제작했다. 학생 기자단을 꾸리고 광고와 배급도 하면서 'change making(변화를 창조하기)'을 경험했다. 하버드 대학 재학 시절에는 아쇼카 재단의 모태가 된 아쇼카 테이블을 조직했다. '아쇼카'는 기원전 3세기에 경제 발전과 사회복지를 동시에 이룩한 인도의 황제 이름이다. 빌 드레이튼은 아쇼카 테이블에서 학생들이 정부와 기업의 주요 인사들을 만나 사회 이슈를 토론하고 해결책을 모색하도록 도왔다. 그는 옥스퍼드대에서 경제학을, 예일대에서 법학을 공부하고 경영 컨설턴트와 공무원 등 다양한 경험을 쌓았다. 그리고 전 세계에서 선도적인 위치에 있는 사회적 기업가들을 지원하는 단체를 만들기로 결심하고 1980년 아쇼카 재단을 설립했다. 아쇼카 재단은 금전적 수익이 아니라 교육, 환경보호, 지역개발, 빈곤 완화 등 여러 분야에서 실질적인 개선 효과를 보는 것을 이익으로 여긴다.

아쇼카 재단은 5만 달러 예산으로 시작해 현재 연간 예산 규모 3000만 달러 이상으로 성장했다. 아시아, 유럽, 아프리카, 미주, 중동 지역 등 35여 개국에서 근무하는 직원도 400여 명에 이른다. 2020년 기준으로 전 세계 93개국에서 4,000명 이상의 아쇼카 펠로우를 선발해 지원했다. 우리나라에서는 2012년 사단법인 아쇼카 한국이 설립되어 2013년부터 서명숙 제주올레 이사장을 비롯해, 해마다 2~3명씩 2020년까지 15명의 아쇼카 펠로우를 선정했다.

세계경제포럼(일명 다보스포럼)의 창립자이자 회장이며 학자, 기업가, 정치인 등으로 다양한 활동을 해온 클라우스 슈밥은 1998년 부인 힐데 슈밥과 함께 전 세계 사회적 기업가 네트워크를 지원하는 '슈밥 재단'을 설립했다. 슈밥 재단은 다보스포럼에 사회적 기업가들을 초청해 여러 국제기구 수뇌들을 만날 기회를 마련해준다. 슈밥 재단은 해마다 세계에서 20여 명의 사회적 기업가를 선정해 시상하는데, 그동안 70여 개국 350여 명이 상을 받았다. 수상자들에게는 소셜미디어 영상 제작과 언론사 홍보 프로그램을 제공해 국제적인 영향력을 끼치도록 돕는다. 2019년부터는 공공부문과 민간부문으로 사회적 기업가상을 시상하고, 사회혁신 리더상을 더해 다양한 영역에서 사회혁신을 촉진하도록 돕고 있다. 국내에서는 저소득층 청각장애인에게 저렴한 보청기를 제공한 김정현 딜라이트 대표와 사회적기업진흥원 김인선 원장 등이 수상했다.

사회적 증시와 착한 투자

2007년 브라질의 사회적 기업가 파비우 호사는 새로운 사회적 사업을 시작했다. 새우잡이 어민들이 새우를 유인하기 위해 쓰는 부탄가스 랜턴을 태양광 전구로 바꿔주는 일이었다. 어민의 부탄가스 비용 부담도 덜어주고, 지구온난화의 주범인 이산화탄소 배출도 억제하는 일석이조의 사업이다. 다만 경비 9만 달러가 문제였다. 호사는 그 돈을 브라질 '사회·환경 증권거래소BVS&A'를 통해 단 몇 달 만에 모았다. 호사는 "BVS&A가 없었다면 돈을 모으기 위해 집집마다 문을 두드려 모금해야 했을 것"이라고 한다. BVS&A는 2003년 브라질 증권거래소 산하에 사회적 기업이

자금을 공개적으로 조달할 수 있게 하자는 취지로 만들어졌다. BVS&A는 상파울루의 마케팅 사업가 켈소 그레코Celso Grecco가 제안하고, 보베스파의 레이문두 마글리아누 필루Raymundo Magliano Filho 사장이 받아들여 탄생했다.

사회적 기업가나 비영리 단체는 기금을 마련하는 데 어려움을 겪고, 사회적 투자자나 기부자들은 어디에 투자나 기부를 할지 고민한다. 이를 주식시장으로 끌어들여 '사회적 이윤Social Profit'이라는 새로운 개념을 만들어낸 것이 BVS&A다. 철저한 예비심사를 거쳐 최종 상장되면 일반 주식처럼 거래된다. 다른 점은 투자자들이 주식을 사도 해당 단체의 지분을 얻을 수 없고, 사업 운영에도 관여할 수 없다. 일종의 투자형 기부인 셈인데, 투자형 기부금은 소멸되지 않고 '유가 증권' 형태로 남는다.

이러한 브라질의 사회적 증시 실험에 자극받아 남아프리카공화국이 2006년에, 영국, 캐나다, 싱가포르 등은 2013년에 사회적 증권거래소를 열었다. 나라마다 상황과 특징은 제각각이지만 모두 제 역할을 찾아가는 중이다. 이들은 사회적 증권거래소를 통해 어떤 사회적 사업에 투자하고 어떻게 투자자를 모을지 고민하며 전통적인 주식시장과 공존을 모색하고 있다.

한편 2016년부터 미국을 중심으로 사회적으로 긍정적인 영향을 미치는 기업에 투자하는 임팩트 투자Impact Investment가 증가하고 있다. 임팩트 투자는 착한 일을 하는 기업에 투자하는 착한 투자의 일종이라고 할 수 있다. 예컨대 전기차를 생산하는 테슬라, 친환경 아웃도어 의류업체 파타고니아, 온라인 무료강의 사이트 칸 아카데미 등에 투자하는 것이다. 이러한 임팩트 투자는 수익률이 높을 뿐 아니라 사회적으로 좋은 영향력을 미친다는 점에서 점점 확대되고 있다. 최근에는 코로나19 바이러스의 영향으로 환경에 대한 위기감이 고조되면서 ESG 투자에 대한 관심도 높아지고 있다. ESG 투자는 환경Environment, 사회적 책임Social Responsibility, 지배구조Governance 등을 고려하는 것으로, ESG 펀드 투자의 형태로 나타나고 있다. 이와 비슷한 사회책임펀드SRI도 늘어나고 있다. 이러한 착한 투자는 일시적인 현상이 아니라 현대사회에서 일어나는 여러 사회적 불평등이나 환경문제를 경제적으로 해결하려는 시도이며, 앞으로도 다양한 형태로 꾸준히 이어질 전망이다.

/ 김정은

참고 자료

실벵 다르니·마튜 르 루, 『세상을 바꾸는 대안기업가 80인』, 민병숙 옮김, 마고북스, 2006 | 「사회적기업진흥원 김인선 원장, 올해 공공부문 사회적 기업가 선정」, 이로운넷, 2019년 9월 23일 | 「밀레니얼이 주도하는 '착한 투자', 어느새 5000억 달러」, 《조선일보》, 2019년 4월 23일 | 「'착한 투자' 몸집 커지고 수익률도 고공행진…」, 《아시아경제》, 2020년 10월 30일

MILLENNIALS

17

거미줄의 힘

ON AIR 거미줄의 힘 1부 20190604 | 거미줄의 힘 2부 20190624 | 거기서 뭐해? 20170221.

都市再生

보스턴 빅딕, 주민참여형 도시재생 프로젝트

미국 동부의 대도시 보스턴은 1980년대 이후 대규모 제조업의 몰락에 따른 인구 감소, 도심 공동화, 슬럼화, 환경 파괴 등으로 몸살을 앓았다. 매사추세츠주 최대 도시로 근처 위성도시를 오가는 유동인구가 많은 보스턴은 경기 침체에도 불구하고 매일이 교통지옥이었다. 도심과 대서양 해변을 단절시키는 거대한 장벽인 4킬로미터 길이의 고가도로는 특히 원성이 높아 '푸른 괴물green monster'로 악명을 떨쳤다. 중앙간선도로-터널 프로젝트(일명 '빅딕')는 교통체증을 해소하고, 칙칙한 도시 경관과 침체된 경제를 바꾸는 일석이조의 묘책으로 구상되었다.

왕복 6차로의 고가 구간을 왕복 8~10차로로 지하화하고 찰스강을 가로질러 로건 국제공항과 보스턴 시내를 연결하는 '테드 윌리엄스 터널'을 뚫는 대공사였다. 무려 9년간의 환경영향평가를 거쳐 1991년에야 첫 삽을 떴다. 당초 1998년 완공을 목표로 했으나 2007년에야 완공되었다. 공사비도 28억 달러가량 예상되었으나 실제로는 그 5배인 146억 달러가 소요되었다.

중요한 것은 고가도로 철거 후 생긴 터널 지상부의 '그린웨이'라는 녹지공간과 공원이다. 엄청난 비용과 25년이라는 긴 시간에도 불구하고 빅딕을 포기할 수 없었던 이유다. 면적이 15에이커인 그린웨이에는 6개 공원과 3개 갤러리가 자리 잡았다.
햇볕과 맑은 공기 속에 천천히 거닐며 사색하는 사람들, 뛰어노는 아이들이 도시에 활력을 불어넣기 시작했다. 시야가 트이고 다운타운과 해변이 직접 연결됨으로써 수변 지역 개발도 진척에 속도가 붙었다. 보스턴은 미국 주요 도시 중 걸어서 통근하는 비율이 가장 높아졌다. 열린 공간, 해안가, 역사적 건축물, 예술, 산업. 이 모든 것이 촘촘히 연결된 도시로 거듭난 것이다.

보스턴시의 도심 재개발 사업에서 가장 중요하게 여긴 기본원칙은 시민 모두의 동의를 얻어 진행한다는 것이었다. 이를 위해 공사 현황과 정보를 시민들과 수시로 공유했고, 그린웨이의 세부적 활용 방안도 시민들의 숙의와 의견 수렴을 거쳐 도출했다. 또한 '파급 효과 개선' 사업을 통해 사업지구에서 먼 지역에 거주하는 주민들에게도 간접적으로 혜택이 돌아가게 했다.

"도시의 진정한 가치는 다양한 건물, 걷고 싶은 거리, 살고 싶은 장소에 있다."

미국 도시계획의 역사에 관한 책 『미국 대도시의 죽음과 삶』을 쓴 언론인 제인 제이콥스의 말이다.

공간재생 프로젝트와 산업 클러스터

좁은 의미에서는 교통 인프라 재구축 사업인 보스턴 빅딕의 성공 여부에 대해서는 보스턴 시민들의 의견도 엇갈린다. 쇠락한 도심을 성공적으로 재개발한 모범사례라는 찬사와 연방정부가 손댄 가장 쓸모없는 사업이라는 혹평이 병존한다. 무엇보다 사업비가 5배나 늘어나는 과정에서 연방정부의 지원금 비중이 줄어드는 바람에 천문학적 규모의 부채를 보스턴 시민들이 지게 되었다. 그러나 보스턴 도시재생 프로젝트는 '빅딕'에서 그치지 않았다.

보스턴시는 2010년 새로운 시도에 나섰다. 조선업의 쇠망으로 버려진 남부 해안가의 땅 122만 평에 연구중심 대학과 기업 인재를 연결하는 공간을 확보하기로 한 것이다. 하버드대학교, 보스턴대학교, MIT 등 세계 최고 수준 대학의 인재들과 그들의 아이디어, 기술을 사업화하려는 벤처기업에 기회의 땅이 제공된 것이다. 더 새로운 아이디어를 함께 나누고, 더 다양한 업종을 모으는 공동 작업을 위해 열린 공간, 복합편의시설을 무료로 제공했다. 항구에 버려진 창고 등을 편의시설로 개조했다. 보스턴 혁신공간에는 젊은이들이 창업과 거주를 위해 모여들었고, IT, 바이오, 약학, 의료산업 등이 첨단산업 생태계를 구축했다. 그러자 200여 개의 회사가 생겼고 5,000여 개의 일자리가 창출되었다. 보스턴의 첨단 창조기술 분야 연평균 고용증가율은 마이너스 2.1퍼센트에서 9퍼센트로 증가했다. 이런 신산업 클러스터 역시 '빅딕'의 혜택을 어느 정도 받고 있는 셈이다.

MIT 바로 옆의 케임브리지 켄들 스퀘어에는 바이오의료 벤처기업들이 즐비하다. 비영리기관 '매스바이오MassBio'에 따르면 보스턴이 속한 매사추세츠주 소재 제약 바이오 회사가 유치한 투자 금액은 48억 달러(약 5조 6000억 원)다. 일자리도 4,300개가 새로 생겨났다. 최근 10년으로 보자면 제약 바이오 분야 일자리는 전체의 35퍼센트에 해당하는 2만 개가 증가했다. 특히 바이오테크 분야 연구개발R&D 일자리는 50퍼센트 가까이 늘었다. 보스턴이 이처럼 바이오의료산업의 메카로 꼽히는 이유는 인재, 자본, 플랫폼이라는 삼박자를 두루 갖췄기 때문이다.

버려진 도심이나 부도심에 첨단산업이 들어서야만 시너지 효과가 일어나는 것은 아니다. 일본 후쿠이현의 사바에시는 눈이 오면 고립되는 조용한 산촌이지만, 20세기 초부터 안경 산지로 유명했다. 후지요시 마사하루는 『이토록 멋진 마을』에서 "이곳은……, 일본에서 가장 빨리 중국에 당한 곳입니다"라고 언급했다. 1990년대 중국이 세계의 하청공장으로 대두했고, 급기야 2000년에 들어서는 사바에 시내 안경 업체 수가 40퍼센트 이상

급감하고 매출은 반 토막 났다.

사바에시는 안경 산업의 부활을 위해 청년 기업가들과 연계하고자 했다. 외지에 진출한 청년 디자이너들을 온 마을이 나서서 귀향하게 만들었다. 젊은이들은 새로운 트렌드에 맞는 안경을 만들어냈다. 티타늄과 신소재를 사용한 안경테부터 웨어러블 기기와 결합한 안경, 눈이 나빠서 쓰는 안경의 고정관념에서 탈피해 액세서리 안경을 개발하는 등 소재 다양화와 명품화에 몰두했다. 그 결과 사바에의 안경은 유럽 시장에서 열리는 각종 전시회와 박람회에 초청받아 전 세계에 명품 안경으로 자리매김했다. 사바에시 안경 산업 클러스터는 중소기업들로만 구성되어 있지만, 현재 일본 전체 안경 생산의 96퍼센트를, 전 세계 안경 시장에서 20퍼센트의 점유율을 차지하고 있다. 사바에시의 '사양산업판 실리콘밸리'는 이렇게 탄생했다.

안경은 200개 공정에 이르는 분업화 생산에 의지한다. 그래서 기업 비밀을 포함한 상호 정보 공유와 이를 가능하게 하는 신뢰 관계가 사바에시 안경 산업의 성공에 결정적이었다. 즉 '오픈 인큐베이션'이라는 도제방식이 핵심이다. 이는 각 기업이 기술을 자사만 보유하는 게 아니라 지역으로 확산시킬 수 있도록 청년들에게 전수해 그들의 독립 창업을 지원한 것이다. 이를 통해 공동체 안에서 다시 새로운 기술이 개발되는 선순환 구조가 탄생했다.

동대문 옥상낙원의 혁신

우리나라 동대문디자인플라자의 탄생도 부도심 재개발사업과 공간을 활용한 산업 클러스터의 사례다. 2014년 세계적 건축가 자하 하디드의 손끝에서 탄생한 한국 디자인과 의류산업의 랜드마크인 DDP가 문을 열면서 세계적인 브랜드의 패션쇼가 서울에서도 잇따라 열리게 되었다.

영세 봉제공장이 모여 있던 동대문시장도 조용히 탈바꿈을 시도했다. '2015 동대문 오리지널 프로젝트'는 혁신적 공간을 통해 새로운 아이디어와 상품을 끌어낸 경우다. 일군의 괴짜 예술가들이 2014년 무렵 동대문 상가의 낡은 옥탑방과 넓은 옥상에 둥지를 틀었다. 이들은 옥상에 쌓여 있던 25톤의 쓰레기를 치우고, 그 속에서 발견한 오래된 물건들을 전시하고 텃밭을 일구면서 동대문 옥상 워크숍을 열고, 옥탑방 리모델링 디자인을 실행했다. 괴짜 예술가 김현승 씨는 이렇게 말한다. "무엇을 하겠다는 목표나 계획 없이 그냥 동대문을 다니다 재미있는 것이 눈에 띄면 사람들과 함께 해봤어요. 즐겁게."

일군의 봉제사들은 주문받은 대로 옷을 만드는 제작 방식에서 벗어나 만들고 싶은 디자인으로 봉제를 해보기로 하고, 일부러 구멍을 낸 티셔츠 100벌을 전시했다. 며칠 밤을 새워가며 구멍을 내고, 구멍을 메운 티셔츠를 전시한 '2015 동대문 오리지널 프로젝트' 전시가 끝나자 동대문 옥상에서 고기 파티가 열렸다. 버려진 공간이었던 동대문 옥상은 이날 파티 이후 3년간 2,000여 명이 방문하는 등 세대 교류의 장이 되었다. 자칭 '동대문 옥상낙원'은 문화체육관광부가 주최한 '2016 대한민국 공공디자인 대상'의 프로젝트 부문 대상을 받았다. 이 상의 심사위원인 디자인평론가 최범은 "아름다운 건물, 화려한 디자인에서 '삶과 관계성'이라는 공공의 가치를 실현해가는 방향으로 공공디자인의 패러다임이 바뀌고 있다"고 말했다.

"도시인들에게 낙원의 조건은 무엇일까? 그 조건을 우리가 만들어보면 어떨까. 그래서 일단 재미있다 싶으면 시도해봅니다. 사람들과 함께." 동대문 옥상낙원의 디렉터 박찬국 씨의 선언이다.

콤팩트시티, 저성장·고령화 시대의 도시생존전략

콤팩트시티가 도시개발의 새로운 패러다임으로 부상하고 있다. 콤팩트시티는 각 지역에 흩어진 주거, 교통, 문화, 복지, 학교, 병원 등 인프라를 거점 지역에 모아 도심을 활성화시키는 전략이다. 지금까지 인구 증가를 전제로 한 도시계획은 도심 밀집도가 높아지면 자동차 통근을 전제로 주거지역을 도시 외곽으로 분산시켜왔다. 급조된 신도시는 필연적으로 대중교통보다는 자동차 중심의 난개발로 이어지게 된다.

일본의 도야마시와 후쿠이시는 콤팩트시티 전략으로 성공한 대표적 사례다.

2002년 취임한 모리 마사시 도야마 시장은 성장 시대의 정책을 지속할 경우 인구절벽과 파산을 면치 못할 것이라는 현실에 직면했다. 그는 도야마현의 도로 정비율과 도로 개량률이 전국 1위라는 점에 주목했다. 잘 뚫린 길을 따라 시가는 교외로 계속 확대되었지만, 도로 정비와 보수, 쓰레기 수거, 간병 서비스 순회 등에 많은 돈이 들었다. 도심 상가에는 빈 점포가 늘어 중심 상가의 땅값이 떨어져 세수가 줄었다. 악순환의 시작이었다. 출발점은 도시 확대를 멈춰야 한다는 것이었다.

우선 구도심을 살리기 위해 사람을 불러 모아야 했다. 도로에 걸어다니는 사람이 많아야 상점이 늘어난다. 재미있고 맛있고 멋있는 것이 늘어나면 인구가 증가한다. 핵심 전략은 '꼬챙이와 경단瓊團형 도시구조'라는 대중교통 활성화 정책이다. 꼬챙이는 서비스 수준이 높은 대중교통을 일컫는다. 도야마시는 기존의 철도 외에도 시내를 순환하는 '도야마 지방철도 시내전차'와 항구와 중심지를 왕복하는 '포트램Portram'이라는 신형 노면 경전철을 도입했다. 경단은 이들 대중교통으로 연결된 주거지역이다. 이곳에 사람, 물건, 돈의 기능을 집약해 걸어서 생활할 수 있는 거리를 만들어간다.

외국인과 외지인을 끌어들이는 전략도 주효했다. 도야마시는 외국인 여행객에 한해 1회 200엔인 경전철 티켓을 무료로 제공했다. 그러자 다테야마의 무로도 설벽을 구경하고는 도야마 시내를 그냥 지나치던 관광객들이 무료 티켓 덕분에 1박을 추가해 시내 관광을 하게 되었다. 65세 이상 고령자에 대한 '외출 정기권 사업'도 도심 활성화에 적지 않게 기여했다. 노인이 어디서 어떤 대중교통을 타고 출발하든 중심 시가지까지 올 경우 1회 교통비를 100엔으로 할인해주는 것이다. 기후현이나 도야마현 경계 등 멀리서는 중심 시가지까지 교통비가 2,600엔이나 된다. 이것이 100엔으로 가능해지자 이용자는 '돈을 번' 기분이 들고, 그러다

個別教室
のトライ
とやま飴
2F
1F
とやま飴
西町・南富山駅前行のりば

보니 1인당 소비 금액이 늘어난 것으로 나타났다. 소비가 늘어난 분야는 주로 식사 비용으로, 특히 노인과 동반한 가족들이 외식을 하면서 운전에 대한 부담이 없으니 술을 마시게 된 것이 이유였다. 보조금의 초점은 최종 목적지가 중심 시가지가 아니면 안 된다는 것이다. 모리 시장은 "알고 보니 걷고 있는 도시구조"라고 말했다.

도야마시의 도심부활정책 덕분에 대중교통 노선 주변 거주촉진지역의 인구는 2005년 전체 인구의 28퍼센트에서 2013년에는 32.25퍼센트로 늘었다. 2025년까지 이 비율을 약 42퍼센트로 끌어올릴 계획이다. 사실 도야마시의 콤팩트시티 구상은 미국 오리건주 포틀랜드시의 사례를 벤치마킹한 것이다. 포틀랜드시는 '도시 성장 한계선'을 설정해 숲과 하천 등 자연 훼손과 도시 확대를 막았고, 걸어서 20분 거리 안에서 의식주를 해결할 수 있도록 도심 전체를 경전철로 연결했다. 이런 정책을 도입한 결과 포틀랜드는 인구가 늘어났고, 자동차 사용률은 30퍼센트 줄었다. 이 도시는 지금 미국에서 가장 살고 싶은 곳 중 하나로 꼽힌다.

1995년부터 인구 감소에 따른 세수 감소로 도시 운영에 어려움을 겪던 후쿠이현 후쿠이시도 2006년부터 콤팩트시티를 조성 중이다. 도심부 인구 유입을 위해 주거용 건물을 지을 때 보조금을 지급하는 것이 가장 큰 특징이다. 2013년 중심 시가지인 후쿠이역 부근에는 7,000제곱미터 규모를 재개발 구역으로 지정해

주거 시설을 마련했다.

후쿠이시에서는 직장인이 점심 먹으러 집에 다녀오는 것이 보통일 정도로 집, 일터, 학교, 병원, 쇼핑센터 등이 밀집해 있다. 이런 인프라는 육아에 편리한 직장환경 등 '맞벌이를 통한 가치창조 모델'이다. 그 결과 후쿠이시는 일본 지방자치단체 중 맞벌이 비율 1위, 노동자 세대 실수입 1위, 보육원 수용률 1위(대기 아동 제로), 대졸 취업률 1위, 초중생 학력평가 1위, 주민 행복도 1위 등 가장 많은 1위 타이틀을 보유하게 되었다.

/ 임항

참고 자료

「미국 보스턴 인재-자본-플랫폼 삼박자 갖춘 세계 최대 바이오 클러스터」, 《주간동아》, 2019년 12월 27일 | 후지요시 마사하루, 『이토록 멋진 마을』, 김범수 옮김, 황소자리, 2016 | 「지방소멸 일자리에서 답을 찾다 —6. 일본 사바에시」, 《강원도민일보》, 2018년 9월 4일 | 「"뭉치면 살고 흩어지면 죽는다"… 소멸 직면한 지방도시의 해법」, 《한국경제》, 2020년 6월 6일

MILLENNIALS

18

히트상품

ON AIR 20190402

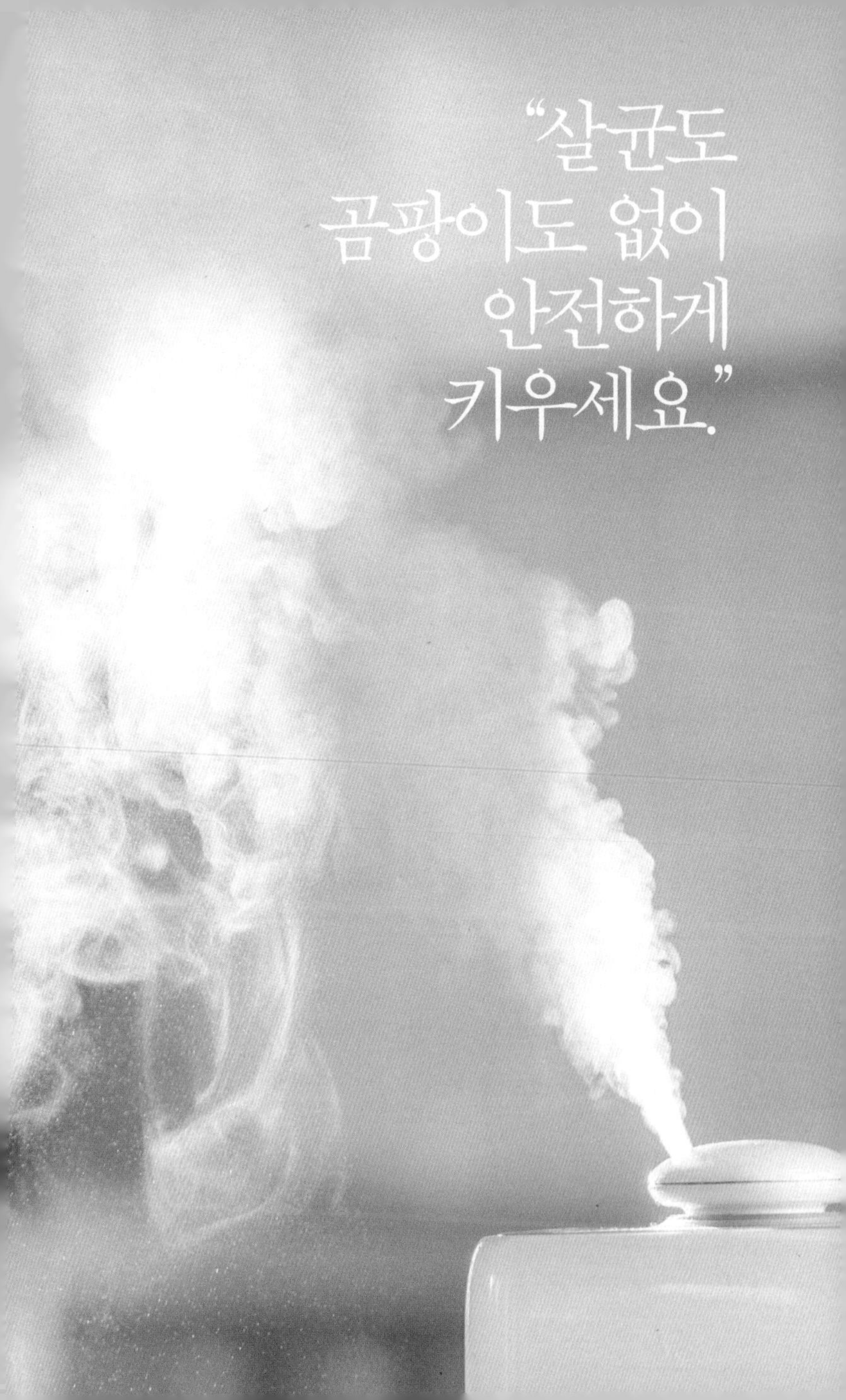
"살균도
곰팡이도 없이
안전하게
키우세요."

감춰진 위해성

"날이면 날마다 오는 게 아니야. 저기 저 아주머니, 눈치 보지 말고 한번 앉아봐……."
커다란 확성기를 든 약장수 뒤에서는 북 치고 장구 치고 노래하는 만능 재주꾼인 바람잡이가 관중을 끌어모은다.
"한 번만 잡숴봐. 며칠만 지나면 몸이 불끈!"
그 며칠 뒤면 일명 '만병통치약'을 팔던 떠돌이 약장수는 어딘가로 떠나고 없다.

현대에는 TV 홈쇼핑이나 일부 인터넷 상거래 업자들이 옛날 약장수의 역할을 재현하곤 한다.

"자, 이제 단 10분 남았어요. 재고가 몇 개 남지 않았습니다." 화장품, 약품, 식품 광고의 솔깃한 카피는 떠돌이 약장수를 방불케 한다. "인체에 무해한", "자연에서 유래한 성분으로 자극 없이", "미국 FDA(식품의약국)가 공인한 미백 효능"…….

중세 유럽에서는 납으로 금을 만든다는 연금술이 한때 크게 유행했지만 결국 터무니없는 것으로 판명 났다. 현대의 화학자와 이들을 지원하는 기업도 돈이 될 만한 화학물질을 찾아내거나 합성하느라 여념이 없다. 개발된 화학물질은 산업 공정, 농약이나 약품 원료, 생활용품과 화장품 등에 다양하게 쓰인다. 문제는 그 많은 신종 화학물질의 유해성, 또는 기존 화학물질을 원료로 포함하는 신제품들의 위해성을 미리 알 수는 없다는 것이다.

독일제 임신구토 예방약 탈리도마이드 때문에 사지가 기형이거나 팔이 없이 태어난 아이들 사진이 1962년 5월 신문 1면에 실렸다. 1957년 50개국에서 판매되기 시작한 이 약 탓에 태어난 기형아는 5년간 약 8,000명이었다. 유산 예방약으로 1941년 판매가 허용된 디에틸스틸베스트롤DES은 장기간에 걸쳐 자궁경부 투명세포암이라는 태아 기형을 유발한다는 사실이 뒤늦게 알려졌다. 임신한 여성에게 이 약의 처방이 금지된 것은 1971년이었다. 기적의 살충제 DDT는 생태계와 인체에 미치는 광범위한 악영향에도 불구하고 개발된 이후 수십 년이 지나서야 국제적으로 규제 대상이 되었다.
그럼에도 DES를 합성한 영국인 찰스 도즈와 DDT를 개발한 스위스의 폴 뮐러는 1948년 공동으로 노벨상을 받았고, 두 독극 물질과 탈리도마이드를 판매한 제약 회사들은 당시 법규 미비로 어떤 처벌도 받지 않았다.

미처 검증하지 못한 위해성도 문제지만, 위해성을 일부러 알리지 않는 경우도 있다. 우리나라에서는 가습기 살균제로 인해 지금까지 1,400여 명이 숨졌다. 그럴듯한 선전으로 소비자를 현혹한 뒤 부작용 참사가 벌어지자 "몰랐습니다"라며 발뺌했지만, 최근 재판 과정에서 이들은 제품의 잠재적 위해성에 대해 알고 있었던 것으로 드러났다.

DDT

징벌적 손해배상 제도:
소비자 보호를 위한 강력한 예방 조치

"살균도 곰팡이도 없이 안전하게 키우세요."

기업들은 환기를 자주 할 수 없는 겨울철에 가습기가 급속히 보급되는 시점을 놓치지 않으려고 가습기 살균제 시판을 서둘렀다. 현재 진행되고 있는 재판 과정에서 가습기 살균제의 원료와 상품을 만든 기업들은 상품의 위해성을 미처 다 검증하지 않은 채 혹은 잠재적 위험을 알고 있으면서도 소비자에게 이를 알리지 않은 정황이 속속 드러나고 있다.

언론 보도에 따르면, 애경산업은 2018년 10월 자사의 가습기 살균제인 '가습기메이트'의 안전성 검증이 이루어지지 않은 사실을 내부 문건에 명시한 것으로 확인되었다. 애경산업은 2002년 10월부터 가습기메이트를 판매하기 시작했다. 원료(CMIT·MIT)는 SK케미칼이 제조했다. 이 문건에는 SK케미칼이 1994년 말 서울대학교 수의학과에 의뢰해 시행한 가습기메이트 흡입독성 실험 결과를 분석한 내용이 담겨 있었다. 실험 보고서에는 "추가 실험이 필요하다"는 결론이 명시되어 있다. 그러나 추가 실험은 이루어지지 않았다. 게다가 2018년 말 검찰의 가습기 살균제 재수사 전까지 SK케미칼과 애경산업 모두 "1995년 흡입독성 실험 결과를 보유하지 않고 있다"고 주장했다.

두 기업이 살균제의 안전성 시험 보고서 등 관련 증거를 없앤 정황이 검찰 수사에서 드러나기도 했다. 두 기업은 2013년 가습기 살균제 판매 기업에 대한 검찰의 첫 수사에서 관계자들이 기소된 옥시와 롯데마트, 홈플러스 등과 달리 정부가 원료의 유해성을 확인하지 못해 처벌받지 않았다. 그러나 검찰은 가습기 살균제 사건을 8개월간 재수사한 끝에 2019년 7월, SK케미칼과 애경산업 대표, 유통업체 관계자를 포함해 34명을 재판에 넘겼다.

가습기 살균제 사건은 지금까지 사망자가 1,400명 이상, 부상자가 6,000명 이상에 이를 정도로 피해 규모와 사회적 파장이 커 관련 기업 대표가 실형을 받는 등 처벌이 이루어지고 있다. 하지만 많은 기업이 그들의 제품 결함이나 부작용으로 인한 물질적(재산상), 건강상 피해에 대해 적절한 배상이나 보상을 하지 않은 채 넘어간다. 침대에서 발암물질인 라돈이 검출된 사건이 그랬고, BMW 자동차의 경우 주행 중 화재 사고가 여러 차례 일어났지만 제조사는 가벼운 행정 제재(과징금 112억 원)를 받는 데 그쳤다. BMW사는 2015년부터 차량의 화재 위험을 알고도 이를 은폐했으며, 리콜 결정이 내려진 이후에도 화재 위험 차량을 리콜 대상에서 제외하는 등 사후 조치도 제대로 취하지 않았다. 피해자들이 집단으로 손해배상소송을 진행하고 있지만, BMW사는 다른 선진국 시장에서처럼 자발적으로 피해보상 합의에 나서지 않아 소비자보다는 기업을 보호하는 우리나라의 법체계를 악용한다는 비난을 샀다.

상품의 위해성이나 결함으로 인한 피해를 최소화하기 위해 미국에서는 징벌적 손해배상 제도를 강화하고 있다. 일례로, 미국 법원은 존슨앤드존슨Johnson & Johnson의 베이비파우더를 사용하다 석면 성분 때문에 난소암에 걸렸다고 주장한 여성 22명에게 21억 2,000만 달러(약 2조 5,500억 원)를 배상하라고 판결했다. 배상금 가운데 징벌적 손해 배상금은 16억 2,000만 달러였으며, 손해 배상금은 5억 달러였다.

일본 토요타자동차는 2018년 8월 미국에서 2억 4,200만 달러(약 2,700억 원)를 교통사고 피해자 가족에게 지급하라는 판결을 받았다. 이 가운데 징벌적 손해배상금이 1억 4,400만 달러에 달한다. 2016년 렉서스 ES300(2002년식) 차량이 교통사고가 나자 앞좌석이 뒤로 넘어지면서 뒷좌석 베이비시트에 앉아 있던 3세와 5세 아이들이 크게 다친 사건이 일어났다. 텍사스주 댈러스카운티 법원 배심원단은 차량에 구조적인 문제가 있다는 점을 토요타가 알고 있었다고 판단하고 손해배상 책임을 인정했다.

영국·호주·캐나다 등에서는 산업안전보건법에 규정된 처벌

조항과 함께 '기업살인법'을 별도로 두고 있다. 기업의 최고 책임자를 형사처벌하고, 벌금형의 경우에도 매출액 대비 비율로 정하거나 상한이 아예 없는 국가도 있다. 이들 나라는 기업 활동의 사회적 책임에 대해 과정보다는 결과에 책임을 지우는 제도를 택한 것이다.

우리나라 징벌적 손해배상 제도의 한계

BMW 연쇄 화재 사건으로 징벌적 손해배상 제도를 강화하자는 여론이 일었다. 하지만 우리나라에서 징벌적 손해배상은 제한적으로 적용되고 있다. 우선 징벌적 손해배상은 민법에 정해진 것이 아니라 근년 들어 개별법에 산발적으로 반영되고 있다. 지금까지 징벌적 손해배상 제도가 도입된 법은 제조물 책임법, 하도급 거래 공정화에 관한 법률, 신용 정보의 이용 및 보호에 관한 법률, 개인정보보호법, 기간제 및 단시간 근로자 보호 등에 관한 법률, 대리점 거래의 공정화에 관한 법률 등이다.

가습기 살균제 사건 이후 2017년 3월 말 개정된 제조물 책임법의 경우에도 징벌적 손해배상의 소비자 입증 책임을 다소 완화하기는 했지만 적용 범위는 여전히 제한적이다. 즉 제조물의 결함으로 인해 생명 또는 신체에 중대한 손해를 입은 사람이 있는 경우에만 징벌적 손해배상이 적용되며, 재산상의 피해는 해당되지 않는다. 따라서 BMW사의 차량 화재 사고는 죽거나 다친 사람이 없으므로 이 조항에 해당되지 않는다. 제조물 가운데 인명 손실을 일으킬 만한 제품은 의약품 외에는 별로 많지 않다.

우리나라의 징벌적 손해배상은 실제 손해의 3배를 넘지 않는 범위에서 배상 책임을 지도록 징벌 강도를 제한하고 있다. 이는 징벌적 손해배상을 정한 모든 법에 공통된 것이다. 법조계에서는 3배 상한선으로는, 특히 대기업이 제품 안전성을 소홀히 하는 관행을 바꾸기에는 역부족이라고 말한다. 미국에서는 자동차, 전자, 금융 분야 기업들에 수십조 단위의 징벌적 손해배상이 드물지 않게 부과된다. 또 징벌적 손해배상 제도가 있으니 벌금도 수천억 원은 보통이고, 조 단위에 이르는 경우도 많다.

제품 결함을 입증할 책임이 어느 쪽에 있느냐도 중요하다. 우리나라는 보통 소비자가 제품의 결함을 밝혀야 하는 반면 미국은 제조사가 자사 제품에 결함이 없다는 것을 증명해야 한다. 미국, 영국 등은 또한 기업과 소비자 간의 정보 불균형을 완화하기 위해 본안재판 전 증거조사 절차로 디스커버리 제도를 운용하고 있다. 이는 변론기일 전에 소비자와 기업 양쪽이 상대방의 요구

자료를 미리 제출하도록 하고, 양쪽 변호사가 그것을 검토하는 과정이다. 자료 제출을 거부하면 상대방의 주장을 인정하는 것으로 간주된다.

사전예방의 원칙과 화학물질등록평가법

신물질 발견이나 신기술 발명, 더 나아가 과학과 기술의 발전은 우리가 생각하는 것처럼 앞으로, 누적적으로 나아가기만 하는 것은 아니다. 발견과 발명을 바탕으로 상품이 만들어져 대중화되기까지 시간이 걸리는 데다 상당한 세월이 지나 예상치 못했던 폐해나 인명과 환경에의 위험이 뒤늦게 드러나기도 한다. '기적의 살충제'로 각광받던 DDT, 석면, 납이 포함된 휘발유, 벤젠과 PCB(폴리염화비페닐) 등이 모두 그런 과정을 거쳤다. 가장 최근에는 경유차의 배기가스와 플라스틱이 이 대열에 합류했다.

유럽연합EU에서는 2000년대 초 사전예방의 원칙을 채택했다. 신물질이나 새로운 기술에 대해 그 잠재적 악영향을 우려할 만한 근거가 있다면 유해성에 대한 증거가 당장 없더라도 사전에 시판을 금지할 수 있도록 하는 제도다. 이 원칙에 따라 신규 화학물질, 식품, 의약품, 생활용품 등 신상품과 1톤 이상 제조·유통되는 화학물질은 등록제를 통해 그 안전성을 입증한 후 시판하도록 하고 있다. EU는 또한 1998년부터 모든 살殺생물제품에 대해 쥐 독성실험 등을 통해 안전성이 입증되어야 판매를 허가하고 있다.

미국과 영국은 행정 비용이 많이 드는 사전 규제를 자제하는 대신 안전과 환경을 해치는 사고를 내면 강하게 처벌한다. 평소에 규정 위반을 일일이 단속하지는 않지만 중대한 건강·환경 위해 사건이나 중대산업재해가 발생하면 기업이 파산할 정도로 책임을 묻는다. 미국의 경우 해당 제품이나 사고, 재해로 인한 손해액의 10배까지도 배상액을 부과하는 징벌적 손해배상 제도, 영국의 경우 기업살인법이 이를 뒷받침한다. 결과에 엄중한 책임을 지게 함으로써 기업 스스로 안전을 챙기도록 하는 시스템이다.

다만 미국도 다른 많은 나라들처럼 국민의 생명과 건강과 관련된 제품에 대해서는 철저한 초기 대응 또는 사전 규제를 병행하고 있다. 미국 전역에 걸쳐 56곳가량 설치된 국가 중독센터는 제조물 피해 신고 접수 및 조기 대응 기능을 맡고 있다. 즉 식품·농약·생활용품 등의 사용 중 비슷한 유해 증상이 몇 건만 나타나도 자체 조사를 거쳐 필요하다고 판단될 경우 제조자가 안전성을 입증하지 못하면 제품 판매를 금지시키고 있다.

우리나라도 EU의 사전예방 원칙 취지를 일부 반영해 2015년부터 화학물질등록평가법(화평법)과 화학물질관리법(화관법)을 시행하고 있다. 화학물질 규제에 대한 공감대가 형성됨에 따라 우여곡절 끝에 2013년 두 법이 제정되었다. 모든 신규 화학물질과 연간 1톤 이상 제조·수입되는 기존 화학물질에 대해 등록과 유해성 심사를 의무화하는 것이 핵심이다. 그러나 산업계의 반발 탓에 시행 단계에서 연간 0.1톤(100킬로그램) 이상 신규 화학물질만 등록하도록 규제가 완화되었다.

기업과 경제 단체들은 이마저도 난색을 표하며 신규 화학물질 등록 기준을 1톤 이상으로 상향하기를 요구하고 있다. 국내에 유통되는 신규 화학물질은 0.1톤 이상, 1톤 미만의 물질이 70~80퍼센트를 차지한다. 1톤 이상만 규제할 경우 대부분의 물질이 관리 대상에 제외되는 것이다.

/ 임항

참고 자료

「애경, 2011년 내부문건서 "가습기 살균제 안전 담보 못해" 결론」, 《경향신문》, 2020년 5월 30일 | 「美 존슨앤드존슨 항소심서도 패소… 발암 베이비파우더 2조 5500억 원 배상 판결」, 《조선일보》, 2020년 6월 24일 | 「토요타, 美서 징벌적 손해배상… "2700억 지급하라"」, 《머니투데이》, 2018년 8월 18일 | 「화학물질 규제로 망한다는 기업과 보수언론, 사실은?」, 《오마이뉴스》, 2020년 5월 20일 | 「화학물질 안전망 마련, 정부는 언제까지 재계 눈치 볼 건가」, 《오마이뉴스》, 2020년 6월 4일

그림과 사진 출처

15쪽 시사저널 제공 | 19쪽 ©Kelli Hayden / Shutterstock.com | 28~29쪽 ©Hi-Story / Alamy Stock Photo
64~65쪽 ©Peter Marshall / Alamy Stock Photo | 82~83쪽 ©Sorbis / Shutterstock.com
89쪽©Sorbis / Shutterstock.com | 95쪽 ©Sean Pavone / Shutterstock.com
103쪽 연합뉴스 제공 | 106~107쪽 연합뉴스 제공 | 133쪽 연합뉴스 제공
143쪽 ©ZUMA Press, Inc. / Alamy Stock Photo | 155쪽 ©Neil Turner / Alamy Stock Photo
207쪽 ©CRS PHOTO / Shutterstock.com | 219쪽 ©Marlon Henrique / Shutterstock.com
239쪽 ©Tanya Jones / Shutterstock.com | 247쪽 ©FLHC 40 / Alamy Stock Photo

EBS 지식채널 × 밀레니얼 경제

1판 1쇄 발행 2020년 12월 30일

지은이 지식채널ⓔ 제작팀
해설 글 김은경 김정은 임항 장우진 정희정

펴낸이 김명중
콘텐츠기획센터장 류재호 | 북&렉처프로젝트팀장 유규오
북팀 김현우 장효순 | 마케팅 김효정

책임편집 박민주 | 디자인 박대성 | 인쇄 금강인쇄

펴낸곳 한국교육방송공사(EBS)
출판신고 2001년 1월 8일 제2017-000193호
주소 경기도 고양시 일산동구 한류월드로 281 | 대표전화 1588-1580
홈페이지 www.ebs.co.kr

ISBN 978-89-547-5671-6 04300
ISBN 978-89-547-5415-6 (세트)